外语教学与研究

章美芳　赵孟菲　陈　拓　著

汕頭大學出版社

图书在版编目（CIP）数据

外语教学与研究 / 章美芳，赵孟菲，陈拓著．-- 汕头：汕头大学出版社，2023.6
ISBN 978-7-5658-5091-2

Ⅰ．①外… Ⅱ．①章… ②赵… ③陈… Ⅲ．①外语教学一教学研究 Ⅳ．①H09

中国国家版本馆 CIP 数据核字（2023）第 126122 号

外语教学与研究

WAIYU JIAOXUE YU YANJIU

作　　者：章美芳　赵孟菲　陈　拓
责任编辑：宋倩倩
责任技编：黄东生
封面设计：皓　月
出版发行：汕头大学出版社
　　　　　广东省汕头市大学路 243 号汕头大学校园内　邮政编码：515063
电　　话：0754-82904613
印　　刷：廊坊市海涛印刷有限公司
开　　本：710mm × 1000mm　1/16
印　　张：12.5
字　　数：200 千字
版　　次：2023 年 6 月第 1 版
印　　次：2024 年 4 月第 1 次印刷
定　　价：68.00 元
ISBN 978-7-5658-5091-2

前言

今天，不同民族、不同国家的人们交流越来越频繁，文化融合已成为现代社会的特征。随着现代传播技术的高度发展，各种文化以一种前所未有的融合方式扑面而来。在这种环境下，以对一种共同语言的理解来吸收和融合文化成为必然。

外语作为语言交流的一种重要形式，其重要性越来越凸显。随着多媒体计算机技术和网络的迅速普及和发展，外语阅读和写作方式、外语翻译和交流方式、外语学习和教学方式正在经历着一场历史性的变革。这场变革将使教育模式从印刷时代走向信息时代，并随之而产生一系列全新的教学形式和一个全新网络文化融合教育时空。这就要求教师改变传统教学方式，将语言教学与文化教学有机地结合起来，用现代传播理论来指导外语教学，充分利用网络，用现代化教学手段培养学生从文化融合的角度使用语言的能力。外语教学将从传统意义上的单纯传授语言知识扩展到文化传播，其教学目的也将转化为着重培养学生的文化交际能力，实现文化的融合，满足文化传播的需要。

外语教学研究属狭义应用语言学范畴，是应用语言学中发展最为成熟的分支学科，研究涉及外语教学的指导思想、教学内容、教学对象、教学过程、教学方法等各个方面，具有综合性、交叉性、广泛性和实践性强等特点，同时它又是具有相对独立性的一门学科。进入 21 世纪，随着语言学、社会学、心理学、教育学和计算机学的不断发展，外语教学理论与实践研究迅速发展，外语教学内容与手段发生深刻变革，外语教学领域的研究成果层出不穷。

本书可以有效弥补传统外语教学中的不足之处，改善当前外语教学的现状。与其他同类书籍相比，本书主要有三个特点。首先，对教学法进行整合式研究，涵盖了多样的、最新的外语教学策略与理念，且将教学理论与教学实践有机地融为一体。其次，本书在提升学习者外语水平的同时，从提升外语学习者批判性思维能力与跨文化交流能力的角度，探究与整合外语教学的策略，为现代外语教学的研究、教师的教学以及学生的学习提供一定的参照。最后，本书逻辑严谨，行文流畅，且语言平实易懂。

目录

第一章　外语教学概述

第一节　外语教学的概念

一、狭义概念

外语教学是外语教育的重要组成部分，指某一社区内进行的非本族语教学，一般在人们学会母语后在课堂里进行。中国外语教学大约开始于明代，中国外语教学主要教授现代语言，语种的选择常受社会需要和教育制度的模式所影响。中华人民共和国建立后，先以俄语为主，后又转为以英语为主。

二、广义概念

从广义上来说，外语教学即外语教育，是教育领域的一门科学。广义的教育指对一个人从生到死所受的全部影响的总和。作为学校教育，则是按一定的目的要求，对受教育者的德、智、体、美诸方面的发展施以定向影响的有计划活动。活动的主要形式是教学。故任何教育措施都包括教学和训练活动，而学校的各项教学活动必然都含有教育内容。由于教育既有社会化作用，又是改造社会的工具，故学校教育和社会活动有着密切的联系。所以，外语教育学作为学科教育学之一，是研究如何教学一种外国语以对青少年进行全面发展教育之客观规律的科学。

研究以外语教育的全过程为对象。纵看，从外语教育史、外语教育政策到现行外语教育体制，从教学大纲、教材到课外活动，从新语言材料的提出到学生理解、记忆、使用，都是研究对象。横看，教师、学生的作用和变化，方法、手段的原理和运用技术，学校、家庭、社会的相互关系和影响，也是研究对象。因此，本门学科的范围超出“课程、教材、教法、学法”。此外，它还要适用于各个语种的教学。既是普通教育学的具体化，又是分语种教学法的概括化。故相当于普通外语教学法，是兼具理论和应用性质的社会科学。它的内容包括四个相互交叉的层次。

（一）理论层次

第一个层次是理论层次，它的主轴是外语教学原理（观点），也可称作外语教育思想，即关于进行外语教学的见解。其内容包括根据教育哲学、语言哲学、心理学等相关理论而产生的外语教学理论，以及如何进行外语教育的战略。它是教育原理、学习理论、语言本质和社会需要相结合之最佳途径的相关设想，因而是公理性的。外语教学法中常用 approach 表示层次方式。它似江河源头地制约外语教学法的全部内容，尤其是外语教学原则。

人们在形成一种教育思想（教学观点）的同时，必然会设想出一种途径去实现它。比如，直接学会的观点要通过不经翻译而直接理解、运用目的语的路子去实现。这样，表示教学观点的 approach 一词在不同的语境中就可兼指教学路子或者途径。

从一定的 approach 出发，把教学目的、教学内容、教学形式、教学方法、教学手段有机地组合起来，使之互相制约，从而成为达到某一学程外语教育之目的的立体系统，叫作外语教学法体系，国外文献中常用 system 表示。体系是外语教学法的具体框架，在外语教学法文献中有时也称为 method、methodology，它从结构角度表示广义的教学法。

（二）操作层次

第二个层次是操作层次，含教学模式、教学方法和教学技巧等。在外语教育范围内我们泛称教学方法（teaching method），可指四种不同含义的一种：一门独立的科学；教学理论；高校外语系科的一门学科（科目，subject）；具体教学活动的操作模式和方式方法。作为本学科操作层次内容的教学法是最后一种含义，它的框架是教学模式（teaching model）。模式是为了实现一定的教学观点或主要教育教学活动而将几种具体方法相对固定地组合起来的结构。它是教学理论的具体化，又是具体方法的概括化。不同的外语教学法学派因教学观点不同，必有互异的模式。同一教学观点因实现的路子不同，也可能有多种模式。模式之不同主要在三个方面：①提供和分配教材的顺序不同；②教学活动的系列和阶段不同；

③运用具体方法的方式和形式不同。所以模式侧重描述实践问题，它在解决某一具体外语教育问题时，有如师生教学活动的“跑道”。它有规范教学活动的作用，但本身并非不可变动的规矩。

具体教学方法在英美教学法文献中常被称作 technique。这种方法可应用于不同的教学法体系和教学模式，它可发展以至创造，故这一层次必具开放性。但无论哪种具体教学方法均与社会结构和社会思想相关，在应用中必须适应教学思想的要求。故创造、应用一种具体方法，仍得有相应的理论根据，尤其不能与学法体系相矛盾。比如，外语教育中一般不用讲演法。

一种具体教学方法可能包含固定的或不固定的几种教学方式（mode）。方式是教育活动的基本单位，用以解决教育活动中一定的具体任务：比如，问答法中的提问方式和答问方式。在实践中，一般将两种以上教学方式搭配使用，比如，听说教学法所用的认知方法由听音和会义两种方式构成。因此，一种方式可以包含多种变体。

此外，教师在组织教育教学活动中，为了结合师、生、语言材料、环境之具体情况而灵活运用乃至变通所用的具体方法，这时会表现出教师个人的教学特点和风格，称作教学艺术（teaching art）。教学艺术一般能发挥教师个人素质的优势，但必须有助于教学活动更为和谐有效地进行。

（三）组织层次

第三个层次是教育教学的组织层次，它指教育活动形式（form），即教育活动的组织结构。外语教育活动的主要形式是课堂教学，课外活动和自学形式也不可忽视。此外，还有社会活动形式，如广播、电视教学、家庭辅导教学等。口语、笔语活动、集体或个人活动、控制活动和开放活动各种练习形式等，都是外语教学的不同形式。

（四）教学手段

第四个层次是教学手段（媒体，media）。指在合理的教育时运用有助于更为有效地达到教育目标的工具。包括教科书、辅助教材、电教设备、直观教具等，也可包括教师。一般仅指教师以外的各种手段。从学习外语来说，运用这些手段主要是要把学生吸引到“自然的语言环境”中去，从而消除心理障碍，更顺利地进行语言学习活动。

关于外语教学的概念，各国学者的主张不尽相同，但多从语言学立论。教、学外语自应侧重语言学理论的应用，然而学校外语教学的不少问题，必须运用教育学和教育心理学的理论才能解决；比如，课本的教学法体系不尽适合具体教学环境时，得按教育学原则处理；学习理论上的争执，也得参照教育心理学的理论去解决。

第二节　外语教学的基本理论

在外语教学法、教育学和相关学科的发展进程中，外语教学逐渐形成了自己的一些基本理论。这些基本理论可以分为五个方面。

一、关于外语教育目的方面的基本理论

语言产生于人类的协作劳动，它在为人类协作劳动服务之际，不受国界的约束。由于生产力的高度发展，导致全球性劳动协作的国际化；世界越来越连成一片，外语的作用也越来越大。早前，以文化或经济发达国家为中心而形成了传播型国际化；以发展中国家为中心而形成过吸收型国际化。现在两者都已过时，现如今已形成了交流型的国际化社会。在交流型国际化的信息时代，科学技术既打破了国界，又打破了学科界限。这促使智力的性质和结构都发生了变化。从性质讲，由于脑力劳动必须协作，智力的个体性日益减弱，社会性日益增强，它已成了人们相互协作劳动的基本能力。从结构讲，智力已突破了本民族文化传统的单质模式，而包含多种民族文化的因素，以致学习第二文化成了发展智力的必要条件。但是，进行国际化的劳动协作和学习第二文化，都必须学会外语，因此，外语教育便成了当今成材教育的必要要素。一个人若不接受外语教育，就不能很好的了解与学习最新的科学技术。一个国家若不发展外语教育，就会处于闭塞状态，落后而不自知。这是各国、各学派研究外语教育目的的一条基本理论。

二、关于学习外语的基本理论

（一）语言习得理论

目的论回答为什么学外语，说明学校应该开设外语课。学习理论则回答如何学外语，说明学生能够学会外语。根据语言本质和人类语言的发展史实，不论是本族语还是外语都是学会的，不会说话就是反证。但是，学习本族语和学习外语的过程有很大的不同。学习本族语是通过日积月累的、大量的自然接触，无控制、无人为计划地随着年龄的增长而学会，虽然在学的进程中会进行模仿、类比，但并无专门的教学活动。我们称这种学习为语言习得（language acquisition）。习得与学习有质的差异，但两者并非互不相涉。因此，在外语教育学中，区分习得和学习是有益的。

（二）语际语言理论

语际语言理论对外语学习论有很大影响。语际语言（interlanguage）认为，在外语学习过程中，学生所有理解和应用的外语是一种本族语和所学外语的语际混合语。这种混合语是掌握所学外语的必经过程。随着学习的深入，混合现象会逐渐消除，而进入纯外语。

三、关于学习对象的理论

学习对象指学什么，制约与目的论。外语教育在这方面走过漫长的道路。仅从以现代语言作为外语起，大致经历了四个阶段。最初以语言文学为对象，偏重语言知识，从文学作品中学习语言。其后语言与言语分家，学习对象转向言语。再后，随着结构语言学的发展，学习对象实际已转向言语行为，主要是句型。当代则主张以言语活动作为学习对象。

多年来，外语教育学已逐渐形成了一些有关学习对象的理论。其中主要的有下述三点。

（一）以言语行为为中心的超语言的取材范围

外语教育具体体现于外语教学，其对象自然是所学外语的言语行为。言语行为（speech act）是按一定规则发出一连串语音，以产生有意义的话语；也可指句型（sentence pattern）。但这仅仅是学习对象的基础、中心。因为具有交际功能的完整的言语行为是言语活动。言语活动（speech event）包括言语行为和超语言成分。超语言成分指没有文字和语音却能传达信息以表达思想和它的社会关系的各种成分。比如，包括表情、身势、发音方式等成分的无声语言的各种成分，包括哭、笑、叹气等成分的副语言，以及说话的场合、题目、对手、意图、语体、语域等语境方面的和社会心理方面的各种因素。此外，由于语言是民族文化的载体，学习对象还得包括以所学外语为母语的民族的文化。这可以说是一种重要的大语境和超语言因素。

（二）以使用频率为主要量表的筛选

学习对象的范围大，而可能学习的材料少，故作为外语教学的具体材料必须经过筛选。筛选可以从不同角度进行；比如，从外语教育的目的出发，从语言结构出发，从学生需要出发等。但因言语行为是学习的中心，故筛选的主要量表是使用频率，即以话语含义和结构在当代言语实际中或学生需要学习的题材中使用频率的高低为筛选时取舍的主要标准。当然，对超语言成分，尤其是对文化因素的筛选，应以符合各自国家的外语教育政策为前提。

四、关于外语教学过程的理论

外语教学过程从严格的控制逐渐走向开放，目前已形成了四点基本理论，这就是：统一、和谐、平衡、循环。

（一）统一

统一用以解决教育过程中的主要矛盾和次要矛盾。在外语教学过程中，首先应求得控制性活动和创造性活动的统一。组织好创造性活动是主要矛盾，安排好控制性活动是次要矛盾。前者主要采用复用性和活用性操练，是学生自由、半自由的言语活动：比如，学生提问、转述、自学等。后者主要采用讲解、例释和机械操练等。其次要注意认识过程和学生个性心理特征的统一。认识过程从哲学角度讲，是实践——理论——实践的过程；从心理过程看，是感觉，知觉、记忆，想象、思维、情感、意志的发展过程。这两种解释都只能体现班级制学习的共性，因为认识过程还是个性发展的过程。个性心理特征表现为每个学生的兴趣、能力、气质、性格，可以体现学习外语的特性。因此，适应个性心理特征的发展应该是外语教育过程的主要矛盾，比如在操练中，个别操练重于集体操练；心理障碍因素的排除先于勤奋学习的积极因素的建立；两极分化起于极少数学生的停滞或后退。

在程度参差过大或两极分化严重的班级，如何统一进度是一大问题。如果只照顾差生而一味放慢进度，必有相当大的一部分人（包括“把子”）会被迫“陪太子攻书”，时间一长，全班都会“虚应故事”。

（二）和谐

和谐是处理主要矛盾中矛盾的主要方面和次要方面的基本理论。在外语教育过程中，首先是学生自我教育目标和客观要求相和谐。自我教育目标是主要方面，客观要求所提出的目标是次要方面，两者和谐就能促进教育过程的发展；否则，就会阻碍教育过程的发展。比如，自己愿学、想学外语是自我教育目标；为升学、考分而学外语则是客观要求提出的目标。两者应求和谐并应重视自我教育目标甚于客观要求。其次，学生作为教育主体，作为外语言语操练活动的主体是主要方面；学生作为教育活动的对象，作为完成指令的听从者是次要方面；两者缺一不可，不能冲突，只能和谐。还有，在外语教育过程中，学生使用有意注意的场合最多，时间最长，是注意活动的主要方面；但无意注意和有意后注意也有其作用，而应与有意注意保持和谐。和谐还有激发情感、学习动力等非智力因素和协调认知风格、学习潜能、个性、学习策略等个人因素的作用。所以 20 世纪 90 年代以来，人们已逐渐追求和谐教育了。

但是，升学的客观教育目标常常左右学生树立外语教育的自我教育目标。其实质是我们的教育侧重外部动力，缺乏内部动力。学生常常处于应该学的状态，而缺乏想学的欲望。两者的和谐，牵涉多方面的问题。对教师而言，力所能及的是激起学生学习兴趣，减轻学习压力和宣传学习外语的多种作用。

（三）平衡

平衡是生命力的表现，在外语教育过程中是使对立得到统一和处理好次要矛盾的原则方法。平衡外语教育活动的主要内容，是言语操练与交际活动之间的平衡。平衡是各得其所，而不是平均。故从纵向看，各年级教学计划至课时计划以至自学计划的相互衔接、一致、适应是平衡；从横向看，教师、教材、学生、教学手段的相互适应，教师、学生、家长、社会的相互配合也是平衡。在各个教学阶段以至各个教学环节，对于听、说、读、写恰如其分地安排，对于自发活动和控制活动的组织，也都要做到平衡。

教师的教法和课本要求不合，教师的设想和具体教学条件不合，是外语教学实践中又一亟待平衡的重大问题。对于前者，教师应在发挥本身优势的前提下，打破故步自封。对于后者，应多向领导做些宣传工作，并从大处着想，从小处着手，逐步取得实效，以实效争取条件的改善。

平衡教学法是在 task-based/process-based approach 的基础上发展起来的。从理论上看，它是从非交际活动过渡到交际活动的锁链；其内容指学习与习得的平衡，行为主义学习与认知主义学习的平衡，非交际活动与交际活动的平衡，学习活动与学习兴趣的平衡，输入练习与交际练习的平衡，粗调输入与微调输入的平衡。

（四）循环

循环是外语教育过程中极大的特点，与采用圆周式安排所学材料相适应，教、学外语的过程是不断的螺旋式的循环。

英语课本对于语言三要素知识和题材，都安排为二个以上的圆周，但实践中教师很少注意于此，往往在第一圆周时就“讲清讲逢”，以后即不再循环，这是很大的问题。

循环的做法可以缩小到一节课中教一个词或一句话，即在一节课里也宜多作循环，以教一个词为例：听懂——会读——用于句型——用于变换练习——用于课文——用于单项或综合练习。可以多次循环，在循环中逐渐加深对词义的理解，加固其记忆。

综上可见，统一、和谐、平衡、循环可以用作四项量器或原则方法，用于宏观地考查外语教育全过程，或微观地考查每节外语课以至课的一个环节或一个教学活动。

五、关于外语教学模式的理论

这是外语教育学理论中的一个组成部分。因为外语教学法已形成多种学派，每种学派必有一种或几种组织教学过程和运用具体教学方法的教学模式。比如：①翻译法的模式一般是：讲解——例证——串讲印证——读背——书面练习；②听说法的模式是：听说句型——说读——背诵句型——机械代换——半自由变换——自由选用；③功能法的模式一般是：在具体说话中听懂话语——模仿话语——变换情景及套用话语——归纳规则——印证规则——自由运用话语规则于特定的情境。

一种模式既体现所属教学法流派的观点，又表明侧重教学活动中的某一方面。比如，功能教学法的模式侧重于信息处理；沉默法的模式侧重于排除心理障碍；听说法的模式侧重于控制操练；暗示法的模式侧重于激发大脑的生理潜能等。

六、关于外语教育测量的理论

测量的主要方法是测试，在外语测试方面现在已有不少不同于其他测试的理论。首先是测试的科学分类，明确不同测试的不同作用，使测试成为外语教育活动的有效工具，比如，考查熟练程度者用速度测试。其次是一整套的客观性测试理论，使测试理论科学化。比如，在测试范围上，从学业成绩测试发展到水平测试；在题型结构上，从集成测试发展到分立测试，再发展到交际测试。此外，在评分上从主观性测试发展到客观性测试，并研制了一些校正误差的计算公式。这些理论保证了测试的效度和信度，即既能测试到需要测试的内容，又使测试结果稳定可靠。

第三节　外语教学的方法

一、外语教学方法

外语的重要性是每个大学生所共知的，然而，由于种种原因，相当一部分学生对于英语学习颇感苦恼。如何有效地把知识传授给学生，使学生能够理解、掌握并运用呢？这就要求教师在教学过程中更新教学理念，灵活运用各种教学方法，提高学生的学习积极性，从而达到提高教学质量的目的。

（一）情景教学——英语学习生动化

情景教学模式是以案例或情景为载体，引导学生进行自主探究性学习，以提高学生分析问题、解决问题能力。通过运用先进的信息技术创设情景，图文并茂，寓教于乐，加快、加深学生对英文的理解，实现从传统教辅工具的“静态学习到动态学习”的转型，消除学习疲劳，激发学习兴趣，提高学习效率。

说到这点，例如，在讲述英语语法部分的虚拟语气时，教师先列出了一个例句：If I were you，I would not let him in.（如果我是你，我就不让他进来）看了这个句子，学生们感到不解：句子主语是 I，be 动词为什么用的是 were 呢？这个句子会不会有什么语法错误呢？这样就激起了学生的好奇心，促使学生在接下来的学习中努力寻找答案。这种教学方式有利于增强学生积极主动、自主学习的能力。此外，这种教学方式对教师从知识储备和备课等方面提出了更高的要求。

（二）任务教学——英语学习交际化

教师经过缜密的研究，根据学生的实际情况，把教学目标合理地分解成一系列的任务，学生在完成任务的过程中感受参与和体验合作学习的快乐，这指的就是任务教学。真正实现在学中做，在做中学，学做结合，做学相长，相得益彰。这有助于激发学生的学习兴趣，培养学生的想象力和创造性思维，提高学生的思考力和决策能力。

在以往的实际外语教学过程中，教师也尝试通过任务型教学来完成教学项目，让学生在课堂上通过完成任务来进行课程的实施。填空练习、英汉互译，造句练习、做游戏等，都是可以采用的活动形式。通过这些任务来训练学生的口头表达能力以及快速反应能力，同时也加深了学生对所学知识的理解与记忆。

1. 任务前阶段

在学习教材前，首先，教师给学生分好小组，让他们讨论初次远离父母、独自生活在高校这样一个大环境里会涉及到哪些方面的问题，应该如何恰当地应对及解决，如何在这样一个全新环境中恰如其分地展示自己的才能。然后，带着这些问题预习课文，梳理信息，从而进一步了解文章的主题和提纲。同时，教师要求学生们将不理解的词句进行标注，扫除阅读障碍，然后教师再有针对性地对学生出现的问题进行分析指导。

2. 任务中阶段

整个任务的执行环节就是任务中阶段。根据任务前阶段的具体实施情况，在这一阶段，教师安排了具体的任务，如安排学生通过小组讨论、对话、角色扮演等方式来完成任务，提高学生的学习兴趣，使他们能主动参与课堂活动与交流。

这样不仅能增强学生的自身能力，还可以达到活跃课堂气氛的目的。

3. 任务后阶段

这一阶段是总结阶段，其任务主要是总结前两个阶段各类任务的完成情况。在课堂上，学生可以通过各种形式积极参与学习活动，为准确理解并掌握文章内容及主旨起到积极作用。由于课堂时间有限，教师始终觉得学生还应该拥有课外英语学习环境。因此教师可以给学生布置任务，帮助学生营造课外英语学习氛围，达到加强课外英语实践活动的目的。

（三）归纳教学——英语学习完整化

学生通过对所学知识的观察，认真分析思考，然后总结规律，这有利于他们对知识系统的梳理，从而提高语言输出的准确性。比如在讲授主谓一致原则时，教师先列出两组句子让学生观察：Our class includes 20 boys and 15 girls.Our class are going to plant trees. 通过观察，学生不难发现，虽然两个句子的主语同是 our class，但谓语动词却有单复数之别（前者用了单数，后者用了复数）。为了进一步加强学生的理解，教师又举了一组例子：The family is not very large.The family are working hard. 在观察中，学生会总结和归纳出 class、family 有两种用法，一种指整体，谓语动词用单数；一种指个体，谓语动词用复数。由此在循序渐进中向学生们讲述集体名词的概念。这样在教学过程中也培养了学生善于发现问题，归纳总结的习惯。

教师所采用的教学方法对学生的学习情况有很大的影响和制约作用。教师应不断探索新的教学方法，努力活跃课堂氛围，注意培养学生思考、分析及解决问题的能力，使外语教学富有活力，使学生的语言运用更游刃有余。

二、外语教学方法的探讨和对比

（一）翻译法

翻译法，也有人称它为语法翻译法（Grammar Translation Method）、阅读法（Reading Method）、古典法（Classical Method）。它的最简单的定义是：用母语教授外语的一种方法。它的特点是：在外语教学过程中母语与所学外语经常并用。例如：老师说“apple”，学生马上说出“苹果”。

翻译法是外语教学的原始方法，它是历史的产物，它的产生是外语教学发展的必然。它培养了大批符合当时社会需要掌握阅读外语能力的人才。它在外语教学法方面的主要成就是：

第一，创建了外语教学中利用母语的理论，在教学实践中把翻译既当成教学目的，又当成教学手段。

第二，主张讲授语法知识，重视理性，注意磨炼学生的智慧，强调在教学中发展学生的智力。

第三，主张通过阅读外语名著学习外语，进而培养学生阅读外语的能力。

翻译法所遵循的教学基础原则：

第一，语音、语法、词汇教学相结合。

第二，阅读领先，着重培养阅读与翻译能力，兼顾听说训练。

第三，以语法为主，在语法理论指导下读译课文。

第四，依靠母语，把翻译既当成教学手段，又当作教学目的。

在课堂教学中，使用翻译法教学的教师，不必有特别流畅的外语口语，一般只要按照课文，逐词逐句地进行翻译讲解，用母语解释清楚所学语言的准确意思即可。课堂教学过程比较好控制，选择对学生的测试方法也比较容易。

用这种方法训练学生的弱点是：外语口语表达能力弱，语音语调较差。虽学了大量的语法规则，一旦用于实践，如写作，口头交谈，便会频频出现错误。不难看出翻译法的缺点是：

第一，未能恰当地发挥母语在外语教学中的积极作用和过分强调语言知识的传授，忽视语言技能的培养，语音、语法、词汇与课文的阅读教学脱节。

第二，过分强调用翻译法进行教学，容易养成学生在使用外语时依靠翻译的习惯，不利于培养学生用外语进行交际的能力。

第三，强调死记硬背，教学方式单一，课堂教学气氛容易变得沉闷，不易引起学生的兴趣。

翻译法的优点是：

第一，在外语教学里使用文法，利用学生的理解力，以提高外语教学的效果。

第二，重视阅读、翻译能力的培养，重视语法知识的传授以及对学生智慧的磨炼。

第三，使用方便。只要教师掌握了外语的基本知识，就可以拿着外语课本教外语。不需要什么额外或者特别要求的教具和设备。

（二）直接法

直接法是一种与翻译法教学风格形成较为鲜明对比的教学方式。

直接法教授外语是现代外语教学的一种方法，它通过外语本身进行会话、交谈和阅读来教外语，而不用学生的母语，不用翻译，也不用形式语法。

直接法的基本原理是“幼儿学语”论。从语言文字产生和发展的历史来看，人类是先有口语而后有文字的。文字符号只是在语言（口头语言）产生很久以后才产生的。口头语言是第一性的、根本的，而书面文字则是第二性的、派生的。直接法便是仿照幼儿学习母语的自然基本过程和方法，来设计外语教学过程和方法。

使用直接法进行教学的过程应体现如下几项基本原则：

第一，直接联系原则。每教一个新词语，应把该词语所代表的事物、意义及客观表象直接联系起来。

第二，模仿为主原则。语言学习者不是先学习语言规则，而是先听周围的人说话，再模仿着说。以模仿多练为主，语言理论为辅。

第三，归纳途径教语法规则原则。让学生先实际掌握语言材料，再从他们积累的感性语言材料中总结出语法规则，用以指导以后的学习。

第四，以口语为基础原则。先口头实际掌握语言，然后再学习文字符号的识记和书写。使用直接法进行外语教学的途径一般为言语→语言→言语。也就是说从用外语进行听说读写四种言语活动入手，以学习言语的单位——句子开始，实际掌握外语，然后再通过归纳途径，学习一些语言理论知识，用以进一步指导今后的语言实践，即语言的实际使用，也就是言语。当然，直接法也不是尽善尽美的，它有以下几点不足：

第一，在外语教学中偏重经验、感性认识，而对人的自觉性估计不足。

第二，对母语在外语教学中的作用，只看到消极的一面，不善于利用其积极的一面，一味排斥。

第三，偏重了实际掌握语言，而对发展智能等方面则注意不够。

第四，使用这种教学方法培养的学生，实际掌握外语（特别是口语）效果一般不错，可是在外语的文学修养方面则不足，容易使学生对许多语言现象知其然而不知其所以然，对难度大结构复杂的语句只能凭语感猜测句意，不免出错，有时对句意的理解甚至与原意是南辕北辙的。

直接法比较适合于以纯实用为目的的外语教学。它在外语学习的打基础阶段，特别是入门阶段也比较有效。不能否认的是，直接法在外语教学方法史上起了积极的促进作用；相较于翻译法而言，直接法是教学方法史上的一大进步，并成为以后教学法现代改革派的发端。

三、比较常用的外语教学方法

（一）多朗诵，重语感

多朗诵可以培养学生的语感，简而言之就是对语言的感觉，具体讲就是在读的过程中，能不假思索地感知语句所表示的意义。这里的不假思索其实是感觉与思考的统一。有时候，英语课文读多了，遇到问题不用死扣相关语法，根据语感也可以找到正确答案。教师在教学中可以多以小组为单位开展活动进行朗诵比赛等等，这样可以增加每个学生读英语的机会，学生渐渐地也不会感到过于拘束。教师在课堂上应尝试努力营造一种宽松的环境，多对学生进行鼓励和表扬。在开始时可以采用短小精悍、情节性强、趣味性浓的对话为导入材料，旨在激发兴趣。之后可适当采用较复杂的课文正文进行朗诵练习，循序渐进地培养学生对英语朗读的兴趣。

（二）多检查，重预习

预习是学生自主学习的开端，是让学生成为真正主体的起点。很多学生没有真正把预习重视起来，上英语课时听老师或其他同学讲起知识点时有种稍纵即逝的感觉，导致听不懂或没完全听懂，结果一堂课就昏昏然过去了，长此以往学生会认为学习英语很难。其实只要做到提前准备心中有数，学起外语来也并不难。不少学生对老师布置的预习任务应付对待，而预习也并不像课堂检测一样能直观地打出分数，所以教师也不能很准确地掌握预习情况。

（三）多活动，重氛围

多活动注重调动学生兴趣，创设快乐的学习氛围，进行愉快教学从而让学生爱上英语。在教学过程中教师可拿出一定的课时多让学生表演，演思结合可以收到比较好的教学效果。可以把学生分成不同的小组，学习新课文（在非说明议论文的情况下）后分角色表演或以课文为例自编自演。这样学生为了表演就必须记住课文内容，为了编写别具一格的剧本就要应用很多英语知识，就会主动去学习。一旦有了需求，有了用武之地，能学以致用，学起来就有了动力，效果也好。同时，通常学生们对表演这种方式喜闻乐见，在学习之初就激发起学生学习的兴趣，可以达到事半功倍的效果。愉快的学习氛围也增强了学生们的学习兴趣，他们不再是为了学习而学习，而是兴趣盎然地尝试用英语去表演节目从而通过表演，激发了较为强烈的求知欲望，变被动学习为主动学习，从而提高英语自学能力。

（四）多关爱，重情感

多给学生以关爱，在师生情感相互感染、相互反馈与促进中，两者的自我需要才会得到实现。给学生多一些尊重和理解往往会有意想不到的良好效果。

通过平时不断地培养，让学生们逐渐形成了良好的英语学习习惯，也取得了进步。虽然这些方法耗时耗力，一时会觉得苦点、累点，但是其积极效果却是长远的。

四、关于外语教学方法的误区与反思

在外语教学中，如何尽快将学生带进所学语言之门并取得大面积的收获，历来是一道具有挑战性的门槛。在教学实践中，教师已经深深体会到：兴趣是学生学好英语不可缺少的内在动力，这种兴趣一旦产生，随之就会激发起学生们强烈的求知欲，就会自觉地去学习。但是如何成功地将各种教学方法实施运用得当，适时激发出学生的兴趣并使他们保持持之以恒的学习热情，这需要教师们充分意识到其中的一些误区继而反思。

（一）外语语法教学的误区

外语语法教学是外语教学的重要组成部分，是贯穿于基础外语教学中的一条主线。不能否认的是，英语语法项目繁多，如何运用有效的教学方法组织相关语法的外语教学，是英语教师应该关注的问题。然而，实行新课改后，在教学指导思想上，一部分教师对语法教学完全失去重视，他们不再进行仔细讲解，也不愿意花费时间探索更科学、新颖的教学方法。这样一来，教材中众多的实用语法项目无法一一重现，学生们蜻蜓点水走马观花般的学习，导致学过的语法很容易就被遗忘，更谈不上运用自如。这已成为影响外语教学效果的一大因素。

实施新课改以来，在一些课堂教学中，以语法教学为主的教学方式不再是外语教学的主导方式；教师们不再对语法知识作专门讲解，也不再要求学生死记硬背语法条文和机械套用基本句型等。这固然也是在外语教学方法模式上所做出的一种改变，但是不排除这样的现象：对新课标外语教学认识的偏差，致使有的老师们片面强调对学生语言交际能力的培养，过分强调口语的重要性。还有的教师甚至认为，英语语法教学已经不重要了，并简单地认为实施新课改就是淡化语法教学，教师不用再关注基础语法，更不需要再研究语法教学的理念和方法。结果造成在日常课堂教学中，他们只是对教材中必要的语法内容照本宣科地读读讲讲过一遍，忽视了语法知识教学的重要性。

（二）教学方法的一些反思

1. “兴趣”是学好英语的前提

学习是一种积极思维的活动，而兴趣则是学习的内在动力，是发展思维的前提。对学生而言，兴趣的冷热，心情的好坏，产生的学习效果截然不同。欢乐愉快的气氛，浓厚的学习兴趣能使人精神振奋，形成良好的学习氛围，产生极佳的学习效果。因此，只有从实际出发，激发学生的学习兴趣，才能向学好外语更迈进一步。兴趣如此重要，那么教师如何激发学生的学习兴趣呢?

（1）良好的师生关系

学生因处于特殊的年龄段，加之周遭环境的影响，在学习上不免有的人会有一定的逆反心理。因此，要使学生学好外语，必须关心爱护学生，与学生建立良好的、和谐的师生关系。作为教师，应当公平公正地对待每一位学生，因为每个学生都有自尊，心底里都渴望得到老师的认可和公正评价，这样学生才会对教师产生好感，从而才能以健康积极的心态投入到学习中去。

（2）利用图画，诱导兴趣

在一般概念中，兼用图画（包括课文插图、教学挂图、课件配图、照片等）进行辅助教学这样的方式可能会更适用于学生的外语学习。但实际上，即使在高校进行外语教学，在适当的时机，对合适的较为复杂的长单词运用图画进行语言教学，其效果形象直观，生动活泼，不仅有助于学生直接理解所学内容，而且视（直观上看到该内容的形象表达）听（听取并实践该内容的发音方式）结合易于加深印象，强化记忆，激发学生学习热情和兴趣。另外，有时寥寥数几笔的图画也能表达出丰富的语言信息或概念，同时又能方便学生加深理解。

（3）幽默授课，增添乐趣，调动兴趣

在讲授看似生僻的词汇、句型时，教师还可以利用丰富的肢体语言来创设幽默的气氛，使学生容易进入情境，加深记忆。比如在介绍 make a face 这个短语时，教师会请富有表演欲的学生来示范一下这个短语，学生生动逗趣的表情会引发哄堂大笑，学生们也因此会长期记得这个短语其具体意思的。此外，在讲课的过程中教师也应该经常根据课堂实际情况有针对性地讲一些自己身边的事例以及教师的一些亲身经历，以此来加强课堂教学效果，学生们对这些也有不小的兴趣。

（4）开展活动，增强兴趣

在教学过程中，有意识、有目的地开展一些饶有趣味的活动，也是增强学生兴趣、巩固所学知识的好方法之一。例如可以给学生布置一些适量的课外作业，留给他们一些英语谜语、填字游戏等让他们猜；将一首好听的英文歌曲留给他们，让他们听了后尝试将歌词补充完整；或者留一些相对简单的英语小诗让他们翻译。每次课堂时间一开始的前五分钟要求学生轮流上台展示在课余时间准备好的一些英文小故事、小对话、名人名言等。长此以往，这些小活动的开展，既有效地激发了学生的学习兴趣，培养了学生的参与意识，也使他们感受到了其中的乐趣，而且印象深刻，经久不忘。因此，兴趣是成功的基础，培养浓厚的学习兴趣尤为重要，在外语教学中对激发学生学习兴趣的重视是不可或缺的。实践证明，运用多种方法激发学生的外语学习兴趣，是提高外语教学质量的有效途径之一。

2. “氛围”是学好英语的途径

教师应充分利用手中教材的优势，组织并设计好各种口语活动，尽量安排足够的时间让学生进行语言实践。教师需要尽力创设出近似真实的语言环境，使学生有身临其境的感觉，在乐趣中学习，在娱乐中获益。把生活引入课堂（可适时适量引入英美流行电影和剧集的片段部分，就其中所涉及到的生活习俗、文化背景、地道语言表达法等进行介绍讲解），再把课堂上所学到的知识延伸到生活，使学生无时无刻不在感受英语的氛围、进而达到突破口语屏障的目的。

3. 改进外语教学方法才能提高外语教学水平

欧美地区国与国的交流得益于语言的相近和通用语言（英语、法语）的普及。虽然汉语历史悠久、博大精深，使用的人数达十几亿，但是汉语对外国人来说学起来毕竟有一定的难度，而且使用汉语的国家也相对较少（即使使用汉语的人数占了世界第一的分量）。

为了我国的经济和社会更好地发展，便于交流和吸收世界其他国家的文明成果，扩大国际交往和合作，学习和掌握英语等外语对中国人来说显得格外重要。实行改革开放政策以来，我国对外交往迅速扩大，对外语人才的需要日益突出。回顾在改革开放初期阶段，亚洲一些国家如马来西亚、泰国、新加坡、印度、巴基斯坦，甚至孟加拉、斯里兰卡、菲律宾等国由于英语比较普及，对外交往就相对容易，而且这也成了它们扩大对外经济技术交流合作和吸引外资的一大优势。因此从某种意义上可以说，普及外语和培养外语人才，改进外语教学方法和提高外语教学水平已经不是一般的教学问题，而是能够影响到我国经济和社会发展的重大问题。

对于好的教学经验和方法，除了采取和借鉴外，教师也应进一步对其进行总结、完善、在实践中不断总结和提高，争取在自身实践中取得更多的经验，然后在更大范围内推广。任何一种好的教学理论和方法都不会是十全十美的，对于各种外语教学法的研究、探索也并未终结，我们还需要在实践中不断总结和完善。学无止境，教也无止境。

4. 外语教学的创新教学方法

广大教师在自己的教学经历中应该努力实践、不断探索，以总结自己经验为主，并了解和吸收国际上所用的好方法，这样有助于在教学上逐步形成更加行之有效的方法。从这个角度看来，如今外语教学中的创新教学方法十分重要，这个“新”是一种相对概念，是教师在长期教学实践中对已存在的有价值的教学法的有益补充和经验总结。

（1）营造一个和谐良好的课堂氛围

①营造一个和谐良好的课堂氛围，是学生学好英语的必要前提之一，也是创新外语教学方法的重点。首先教师要改变传统主导地位的观念，不过于端着老师的架子，在课堂教学过程中与学生建立一种和谐民主的师生关系，不是每件事情都由教师一言而定，要用民主的方法去解决事情，建立一种师生和朋友并存的新型师生关系。教师还要善于鼓励学生大胆提出质疑，真心欢迎在课堂或者课间向教师提出中肯问题和合理质疑的做法，做得好的教师会给该生增加平时成绩中的

表现分、做得尚不到位的教师也不要对其进行扣分；此外还要培养学生善于提出问题且善于进行思考的良好习惯。教师要认真听取学生的问题，有引导性的给出合理的回答，并尽量给学生营造出民主、宽松、积极向上的学习氛围。这样不但体现了教师的友好态度，同时体现了教师对学生意见的重视与尊重，鼓励了学生自由表达自己观点的勇气，也使他们自身能对此进行积极思考。

②对待英语学习成绩较差的学生，教师要对他们加大关心程度，引导他们对英语的兴趣。学生英语学习较差，主要原因之一就是对学习英语没有兴趣，如果学生对学习英语有足够的兴趣和信心，就会有一个良好的开端，英语综合水平在日积月累中自然会有所提高。

（2）提高学生的自主学习能力

心理学家的研究数据表明，学生自主学习能力越强，他的学习成绩就越好。可见，提高学生的自主学习能力非常重要。要让学生做到在英语上进行自主学习，首先要引起学生对学习英语的兴趣，让学生全身心地投入到英语学习当中。让学生感受到自己不是被动地接受知识，而是在参与整个学习过程，从而顺其自然进入自主学习的状态。自主有助于张扬个性，个性又有利于创新。在学生的自主学习状态被激发，产生学习的兴趣之后，教师还需要坚持不懈地将其维系、保持下去，而不能仅仅只是凭一开始部分学生被激发出的三分钟热度就认为自己已经走在了成功教学的康庄大道上，这也是外语教学需要注意的重点之一。

（3）创新外语教学的其他几种方法

①当把学生的自主学习能力提高到一定程度后，教师就应该引导学生进行探究式学习。学生在探究学习的过程中既培养了创新能力，又反过来提高了自主学习能力。让学生去深入思考问题，然后自己去实践、寻找问题的解决办法，学生才会更好地掌握所学语言的基本技能，这又进一步有助于其创新能力的培养。另外，教师也要给学生足够的时间去思考并加以实践，日积月累，学好一门甚至几门外语也不是件难事。

②当今社会的教学设备不断在更新换代，教师可利用这个有利趋势来改进传统的只能用对话来授课的方式。教师应积极采用多媒体来进行授课，这样既改变了呆板和没有声气的课堂，又提高了学生对外语学习的兴趣，使学生的注意力比较容易一直集中在课堂上面，这对学生的外语学习也是一种不可或缺的良性

影响。

总而言之，外语学习是一个漫长的过程，需要教师和学生的共同努力。在外语学习方面，学生除了时刻谨记提高自身修为外，还需要教师不断地去培养各方面的外语学习能力，而教师也要不断改进、创新外语教学方法，逐渐总结出最适合学生学习外语的方法。只有双方都做到在各自层面上不断地去思考，探究、创新，才能让外语学习者的语言学习能力得到提高。

第二章　外语教学的基本模式

第一节　任务型外语教学

一、任务型外语教学概述

“任务型外语教学”的英文是 task based language teaching，简称 TBLT。所谓任务型外语教学，就是以完成具体任务为学习动机、以完成任务的过程为学习过程、以展示任务成果的方式来体现学习成就的一种交际外语教学途径。

途径（approach）与具体教学方法（method）是有区别的。前者指的是关于语言及外语教学的理念和认识，是外语教学的方向，是原则性的、原理性的，如 the communicative approach（交际教学途径）；后者指的是具体的教学方法，是操作性的，如 the situational method（情景法）。

任务型外语教学的核心思想是要模拟学习者在生活中运用语言所从事的各类活动，把外语教学与学习者在今后日常生活中的语言应用相结合。任务型外语教学认为，要培养学习者在真实生活中运用语言的能力，就应该让学习者在教学活动中参与和完成真实的生活任务，在完成任务的过程中，学习者运用目的语进行理解、交际，他们的注意力集中在意义上，而不是语言形式上。任务性外语教学就是让学习者在做事情的过程中学习语言和使用语言，“在做中学、在用中学”，把语言学习与语言运用有机地结合起来。

对于任务的定义，在现有文献中，学者们的说法不尽相同，角度不同，定义就有偏差。

任务都涉及语言的实际运用。任务型语言学习中的任务与真实生活中的任务有很多相似之处，根据其相似程度可分为“目标性任务或真实世界的任务”（target tasks or real-world tasks）和“教育性任务”（pedagogical tasks）。

二、任务类型分析

（一）任务类型

1. 目标性任务或真实世界的任务

目标性任务或真实世界的任务是学习者离开课堂在生活、学习、工作中可能遇到的各种事情，例如收听天气预报、预订机票等。它们是学习者学习外语的最终目的。

2. 教育性任务

教育性任务包括激活式任务和演练式任务，激活式任务激活学习者新学习的语言技能，例如角色扮演、信息交换等。演练式任务与真实生活中的任务相似，例如在报纸上寻职并模仿求职过程等。在完成这些任务的过程中，学习者从模仿性地运用语言逐步过渡到创造性地运用语言，从而习得语言。

3. 单元任务

为了达成单元教学目标，结合单元功能话题以及语言形式等内容，教师为整个单元所设计的一系列任务（a series of tasks）。每个单元任务都可能具有激活式任务、演练式任务的特征，而任务之间又存在着相依性、涵盖性的特征，并由此形成由易到难，由简到繁，层层深入，由初级向高级，高级又涵盖初级的链式循环结构——单元任务链。

4. 课时任务

单元教学目标被分解为更加具体的课时目标，为实现课时目标，教师为具体一节课所设计了一系列任务。任务之间存在着相依性、涵盖性的特征，并由此形成课时任务链。单元任务与课时任务之间的关系是单元任务链中的每个单元任务分别是各节课时任务链中的高级任务，单元任务涵盖课时任务。

（二）任务、活动、练习

任务型课堂教学就是把课堂活动任务化。在实际课堂教学中，一个一个的任务串起若干活动，这些活动既有任务的特征又有练习的特征；有些活动可能有多个步骤，其中有些步骤更接近任务，而有些步骤可能更接近练习。采用任务型外语教学途径不能否认练习对语言学习的作用。练习是完成任务所开展的系列活动中的某一个步骤，是围绕语言项目本身进行的一些复习、巩固语言知识的活动，只有语言的结果（linguistic outcoming）。而在完成任务过程中，学习者围绕一个具体的目标，分步骤做事情，任务有一个非语言结果（non-linguistic outcoming）。

三、任务型外语教学的特征

（一）真实性与多样性

教学内容的真实性是指学习的语言材料来源于学习者的真实生活，贴近学习者的生活实际；活动的多样性主要体现活动的层次，在初始阶段，要有机械性、意义性的操练活动，例如模仿练习、问答练习，在中、高段，要有运用性的练习活动，例如采访、角色扮演、讨论、问题解决等。

（二）综合性

兼顾语言知识结构与交际功能，兼顾语言的准确性与流利性和综合性任务型外语教学的倡导者非常强调语言的表意功能以及语言的综合运用，同时也认为应该教学语法以及怎样用语法为交际服务，强调语言的准确性。他们认为学习者在使用语言进行交际时，大脑中出现的不仅是单个的词和语法规则，而且是语块（languagechunks），即预先组织好的短语和固定表达法，同时也强调语言的流利程度。

（三）循序渐进的任务链

在传统的外语教学课堂中有活动步骤，但是活动步骤间缺乏联系。任务型外语教学的课堂是由一个一个任务串起的，任务的排列顺序是根据任务的难易度来排列的，先易后难，先简后繁，任务与任务之间存在着相依性、层递性、连续性、涵盖性的特征，遵循由简单到复杂、由单一到综合、由输入到输出、由学习到生活、由初级到高级，高级又涵盖初级的链式循环发展规律。每个任务下串起各项活动，使各项活动间具有有机联系。

（四）师生角色的转变

在传统的外语教学中，课堂上，往往是以教师为中心，教师传授讲解知识，或带着学习者做操练。任务型外语教学强调课堂教学要以学习者为中心，教师的主要工作就是设计任务、提供语言材料、组织安排活动；在完成任务时，有些任务的结果或答案不是唯一的，甚至教师本人不一定知道答案，这时教师也可以和学习者一起做任务、共同学习甚至向学习者学习、帮助学习者自己建构新知识。综上所述，任务型外语教学中，教师是学习的计划组织者、学习资源的提供者、任务活动的示范者、协作者、评估者。

学习者在课堂上的大多数时间都在以个人或小组形式完成任务、参与活动，在活动中，学习者有较大的自由度，被鼓励使用任何学过的语言项目，而不是只能用规定的语言项目，在语言的使用、完成任务的方式等方面，他们也被鼓励创造性地发挥，鼓励多种任务成果形式。因此，学习者在课堂上不是被动的接受者，而是积极的参与者、探索者、调控者。

（五）评价方式的转变

与传统的评价相比，任务型外语教学的评价内容和方式都有很大的转变：评价的目标从重结果、重成绩、重甄别与淘汰转向重过程、重能力、重发展。评价内容从单一的语言知识转向学习者的实际言语能力及学习过程表现。参与评价的主体由教师转向教师、学习者、同伴、家长、社会。评价手段从单一性、固定性的考试转向多样性与灵活性、测试性与非测试性、形成性与终结性相结合，可以有教师评价、家长评价、学习者自评、学习者互评。评价效果从学习者为分而学，教师为考而教，增强教师间、学习者间的攀比转向激励学习，增强信心，培养合作精神。

四、任务型外语教学的意义

从语言观及语言学习观的角度，任务型外语教学途径所倡导的正是语言习得所需要的，即语言输入与输出、语言的真实运用以及学习者内在动机的最大化。具体表现为：

第一，任务型外语教学倡导学习者用语言做事情。在做中学、用中学，避免了传统外语教学中过分关注语言形式、语言结构、重知识传授而忽视语言意义、语言功能、语言实践以及语言与文化的关系等问题。

第二，任务型外语教学倡导学习者的双边或多边的语言交流活动。在活动中，学习者使用目的语作为交流工具，有利于学习者把课堂内所学到的东西迁移到实际生活中，顺利进行语言交际时也让学习者看到成就、体验成功，有利于激发学习者的学习动机、兴趣、自觉性、求知欲。

第三，任务型外语教学途径倡导学习者的参与、创造、归纳、整合等学习方式。有较多的人际交往，在交流中，每个人都承担一个角色，并与他人合作，这有利于发展学习者的综合素质，提高他们的策略意识，增强责任感，培养合作精神。

五、任务型外语教学的实施

要讨论任务型外语教学的实施，有必要先讨论外语课堂教学结构，再讨论任务的设计原则、方法步骤、任务要素，在此基础上探索任务型的课堂教学模式。

（一）外语课堂教学结构分析

从课堂教学环节出发，外语课堂教学基本由六个环节构成：导入（lead-in）、呈现（presentation），机械操练（mechanical drill）、意义操练（meaningful drill）、交际性语言实践活动（production）、巩固（inductive practice）。

从语言知识的角度出发，英语课堂教学包含语音教学、词汇教学、句型教学、语法教学：从语言技能出发，英语课堂教学包含有听、说、读、写四项语言技能训练；从课型的角度出发，英语课堂教学可以分为功能对话课或听说课、语篇阅读课以及综合运用语言能力训练课或复习课。

交际教学流派认为语言知识的教学和语言技能训练应该紧紧围绕语言功能以及语言运用展开，即语音教学、词汇教学、语法教学、句型教学以及听、说、读、写四项语言技能训练都应该融入功能话题教学、语篇阅读教学和综合运用语言能力训练之中；无论实施什么内容、什么课型的教学，英语课堂活动都离不开“六环节”，即导入呈现任务、开展为完成任务所需要的各种语言准备操练活动、语言输出活动和语言巩固练习，而“六环节”的主线是任务，其操作模式可以概括为教师设计任务、组织安排活动，学习者参与活动、完成任务，从而实现教学目标。

（二）任务设计原则

设计任务应该遵循一定的原则，才能把握任务设计的正确方向，也才能够顺利地开展任务型外语教学。设计任务应该遵循以下原则。

1. 学生需求原则

课堂需要有意义、有价值的任务。所谓有意义、有价值的任务是指学生应该完成、愿意完成、通过努力能够完成的任务。设计这样的任务必须分析学生的个性需要（即学生能做什么、会做什么、想做什么）。学生的个性需要基于学生的兴趣爱好、生活经历、能力范围以及智能因素。

2. 目的性原则

设计任务必须考虑目的，即为了完成任务，学生需要准备什么、做什么活动、完成任务后要得到什么结果。目的往往是两方面的：一是明线，学生完成任务需要的材料、要做的活动、得到一个非语言成果；二是暗线，学生完成任务需要的词汇、句型等语言知识的准备、做活动时熟练语言形式、完成任务后习得语言，获取综合运用语言的能力。

3. 任务相依性原则

任务的排列顺序是根据任务的难易度来排列的，先易后难；是根据活动的特征来排列的，先输入后输出。任务之间要有层递性、连续性、涵盖性，遵循由初级到高级、由简单到复杂、由单一到综合、由输入到输出、由学习到生活的发展规律。

4. 真实性原则

真实性原则更多的是针对交际性任务，要求交际双方要有真实的交际需要，所提供的语言材料以及活动的形式要尽可能接近生活。例如阅读回答问题就不是真实的任务活动，因为生活中人们阅读时，发现有价值的东西，不会特别地回答问题而是做摘录、标识等。

5. 做事情原则

任务型外语教学认为学习语言的过程其实是“做中学”的过程，要求学生在完成任务的过程中必须动手做事情，如画图、连线、记笔记、做决定、动手操作等。学生在做事情的过程中获得和积累学习经验，体会内化语言知识，通过使用语言发展自己的语言系统。

6. 信息交流原则

信息交流原则更多的也是针对交际性任务。在完成任务的过程中，活动必须涉及信息的获取、传递、处理与使用。对话双方不再是明知故问，而是一方发生信息缺失，产生交际需要而后向另一方索取有用信息，信息沟通活动由此展开。

7. 最终目的原则

语言学习的最终目的是用语言进行交际，而“交际”需要说话双方更多地关注语言意义而不是语言形式，关注语言的逻辑连贯性、流利性、正确性而不只是语言的正确性。因此任务的设计要求语言功能和语言形式的结合，在完成任务时，学生学习语言的形式，理解语言的功能，关注语言的意义，表达他们想表达的内容，养成英语思维的习惯，成套地说话，而不仅仅只是操练。

8. 结果性原则

完成任务后必须有一个看得见、摸得着的非语言结果，这个结果也许是学生的绘画作品、完成的表格、列出的清单，可能是做出的决定、完成的报告、制作的物品等。这个结果是任务的一个组成部分，是评估学生是否完成任务的依据之一，这个成果能带给学生成功的感觉。

第二节　探究式外语教学

一、探究式教学的基本内容

（一）探究式教学的内涵

探究式教学（inquiry teaching），又称发现法、研究法，是指学生在学习概念和原理时，教师只是给他们一些事例和问题，让学生自己通过阅读、观察、实验、思考、讨论、听讲等途径去独立探究，自行发现并掌握相应的原理和结论的一种方法。它的指导思想是在教师的指导下，以学生为主体，让学生自觉地、主动地探索，掌握认识和解决问题的方法和步骤，研究客观事物的属性，发现事物发展的起因和事物内部的联系，从中找出规律，形成自己的概念。可见，在探究式教学的过程中，学生的主体地位、自主能力都得到了加强。探究式教学是以探究为基本特征的一种教学活动形式，它包含两层意思：第一层是什么是探究；第二层是什么是探究式教学。

在当今国际科学教育改革的热潮中，探究（inquiry）是出现频率最高的几个关键词之一。按照《牛津英语词典》中的定义，探究是求索知识或信息特别是求真的活动，是搜寻、研究、调查、检验的活动，是提问和质疑的活动。探究，就其本意来说，是探讨和研究：探讨就是探求学问、探求真理和探求本源；研究就是研讨问题、追根求源和多方寻求答案，解决疑问。

探究式学习是指仿照科学研究的过程来学习科学内容，体验、理解和应用科学研究方法，获得科学研究能力的一种学习方式。因此，探究式学习既是一种学习方式，也是教育教学的目标之一。

探究式教学要求教师用理论去指导实践，在实践的基础上再总结出新的理论，推动教学不断向前发展。它具体是指教师引导学生对有关的学习内容进行深入探讨，或对有关问题进行多方面的研究，以寻找答案、解决问题的过程和活动的方法。它的实施就是让学生以自主、能动的方式在学习过程中掌握知识，获得能力，习得科学的方法，养成科学态度和科学精神。

因此，探究教学的实质就是按提出科学结论和检验科学结论的结构方式去揭示科学结论，即要把所提出的观念和所进行的实验告诉学生，要说明由此得到的资料，还要阐明把这些资料转化成科学知识的解释。

（二）探究式教学的特征

1. 注重从学生的已有经验出发

学生的学习不是从空白开始的，已有的经验会影响他们现在的学习。所以，教学只有从学生已有的知识和实际出发，才能激发学生的学习积极性和主观能动性。否则，就很难达到预期的教学目标。

2. 培养学生的探究能力

探究教学不是教师先把结论直接告诉学生，再通过演示实验或学生实验加以验证，而是让学生通过各式各样的探究活动，例如观察、调查、制作、收集资料等，亲自得出结论，使他们参与并体验知识的获取过程，建构起对新事物的新认识，并培养科学探究的能力。这种通过多样、复杂的活动情景来获得知识的教学方法，可以使学生从多角度深入地理解知识，建立知识间的联系，从而使他们在面对实际问题时，能更容易地激活知识，灵活地运用知识解决问题。也只有这样，学生的学习才是积极主动的，才能真正激发学生学习的内在动机。

3. 重视过程和结果

一方面，要求学生在教师的指导下，对事物和现象主动地去研究，经过探究过程来理解知识的内在联系，从而达到灵活掌握和运用知识的目的；另一方面，需要教师把知识和科学方法有机结合，在学生掌握知识的基础上，通过观察、调查、假设、实验等多种形式的探究活动，经历收集信息和分析信息的过程，从而获得自己的探究结果或制作出自己的作品，培养学生的科学态度和精神。

4．重视知识的运用

探究教学的一个基本特点就是学以致用，发展学生运用知识解决实际问题的能力。探究教学能综合提取知识，跨学科解决复杂的、综合的以及涉及知识面广的问题。在掌握知识、运用知识、解决问题的学习活动中，探究教学能使学生更接近生活实际和社会实际，有利于培养学生的实践能力。

5．重视形成性评价和学生的自我评价

探究教学的评价要求较高，如它要求评价每一名学生理解了哪些概念，哪些还模糊不清或不知道，能否灵活地运用知识解决问题，是否能提出问题，是否能设计并实施探究计划，是否能分析处理所搜集的数据和证据，是否能判断出证据是支持还是反对自己提出的假设等。单靠终结性评价是难以奏效的。探究教学在重视并改进终结性评价的同时，很重视对学生的形成性评价，如学生每天的笔记、撰写的报告、绘制的图表，以及与学生面对面的交流、学生针对某一问题所做出的解释等，教师可以通过这些了解学生对知识理的深度和广度，以及进行科学推理的能力。重视学生对自己学习过程的评价也是探究教学评价的另一个特点。学生不断地对自己的探究学习进行评价，如检查采用的方法是否合适、解释是否得当、对知识的理解程度如何等，可以提高学习效率，有利于学习目标的达成。

6．重视师生互动

探究式教学法的出发点就是发挥学生的主观能动性和创造力，以学生为中心，让学生自己去探究，自己去历练，积极地参与各种活动，从而获得知识。但学生的自主与教师的指导并不是非此即彼的关系，教师是在尊重学生选择的基础上进行指导，而学生则是在教师的指导下进行自主的探究，两者是一种互动和相互促进的关系。

（三）探究式教学的意义

1．探究式教学符合教学改革的实际，能满足改革者的心理需要

目前，我国教学改革的宗旨主要有三点：一是打破传统教学束缚学生手脚的

一套做法；二是遵循现代化教育以人为本的观念，给学生发展以最大的空间；三是根据教材提供的基本知识，把培养学生的创新精神和实践能力作为教学的重点。只要能做到这三点，改革就能取得实效。改革就是不断探究新的教学途径和教学方法。最终实践会告诉每一位教育改革者，探究式教学是非常符合改革者的实际需要的。

2. 探究式教学能使班级教学更具活力和效力

实施探究式教学，一是要最大限度减少教师的讲授；二是要最大限度满足学生自主发展的需要；三是要尽可能做到学生在“活动”中学习，在“主动”中发展，在“合作”中增知，在“探究”中创新。

3. 探究式教学能破除“自我中心”，促进教师在探究中“自我发展”

课堂教学改革难，在很大程度上是难在教师身上。究其原因，主要是教师“自我中心”观念的顽固性和长期沿袭传统的惰性。由此可见，用现代教育理念去改造和战胜传统教育观念有多么艰难。教师要改变自己，就要在实践探究中学习，总结自己的经验，学习别人的经验，包括向学生学习。通过探究式教学，教师的角色会有一个大的转变——由过去的“台前”，走到现在的“幕后”，做一个“导演”。安排好适当的场景，引发学生的学习动机，使学生从观众变成实际的参与者。

二、探究式教学模式和方法

由于分类标准的不同，对探究式教学模式的划分也不尽相同，我国目前使用的探究式教学模式主要有：自主探究、合作探究、情境探究、问题探究、实验探究、创新探究等。此处主要针对我国基础教育以及英语学科教育的特点详述几种较为实用的模式。

（一）自主探究教学

自主探究教学就是导引学生的自主学习以促使学生自觉地投入到学习中去，独立思考，主动建构知识的教学模式。

第一，自主探究教学的主要特征：①教师是教学的主体而学生是学习的主体，教师和学生同为主体，形成了主体性和民主性的师生关系；②注重教学过程的开放性和研发性，关注教学过程中学生主体意识的发挥，关注学生的创造力和创新意识，重视教师对学生的引导、启发，注重学生自主、能动地进行探究和发现；

③注重学生的参与性并提倡适度合作探究的辅助作用；④要求问题设计的合理性和教学的有效性，提倡教学的多维互动性以及教学方式的多样性。

第二，自主探究教学的操作思路：①要求教师要做到明确学习目标，明确预习的价值、提纲及预习方法，要求教学具有整体性，灵活性、开放性；②探究包括个人独探、同伴互探、小组齐探、全班共探等 5 个支点，教师要着重考虑如何监管学生活动、如何分组、如何指导学生；③教师要通过分层运用、内外运用、反馈等 3 个支点，指导学生实现应用迁移；④教师要注重发挥学生的主体性和促进全体参与，给学生自主探究的权利，教学过程主要靠学生自己完成；⑤教师是学生学习的促进者、参与者、指导者、引导者，甚至要与学生“共同学习、共同探讨”。

第三，自主探究教学易出现的问题及解决方法：①流于形式，缺少教师适当的指导，无法完成探究的任务；②教师承揽探究，学生只是验证探究，无法提出问题，不会猜想，不能体验到探究的必要性和成功的乐趣；③选材不当，缺乏探究意义；④教师布置不当，学生收集资料困难；⑤教学时间安排不足，自主探究走过场；⑥教师对课后探究指导不足导致课后延伸草草收场。

综上，教师一定要根据教学需要，根据学生的实际情况进行适时引导；教师应该充分相信学生，促进学生主动参与，激励学生发挥主观能动作用，最大限度调动学生自主探究学习的积极性和主动性；教师要关注探究内容的适度性、可操作性和趣味性；教师应在课前下发“导学学案”，让学生对比进行预习、寻找资料；教师还要更新观念，充分相信学生，给予学生更多的自由支配时间；最后教师要及时介入学生的探究活动，成为他们中的一员，并对学生课后的探究做必要的指导。

（二）合作探究教学

合作探究教学是指在教师的指导下，学生根据不同层次，以 4 ~ 6 人混合编成小组，在一种积极互助的情境中，为达成共同的目标，分工合作，相互帮助，彼此指导，并以集体的成功为评价依据，最终促进个人发展的教学模式。

合作探究教学的基本要素：①要让学生知道他们不仅要为自己的学习负责，而且要为其所在小组的其他成员的学习负责，在探究过程中积极互助；②小组中的每个成员都必须承担个人责任，尽职做好自己的工作；③混合编组要尽量保证一个小组内的学生各具特色，异质、互补，能取长补短；④学生的社交技能水平既是合作探究的结果又是合作探究的前提；⑤小组自评或团体反思能保证小组不断发展和进步。

合作探究教学的操作思路：①合作设计要合理，应以合作、互动为特点；②提前设定目标，为评价提供依据；③通过自学、小组互助，促进集体成果的积累；④自评与他评相结合。

合作探究教学易出现的问题及解决方法：①问题设置太过简单，合作探究流于形式，失去了合作探究的意义；②重探究忽略总结；③只注重优秀生，不兼顾后进生。

针对以上问题，教师提出的“问题”要紧扣课堂讲授的重点、难点，问题要有启发性，并能充分调动学生合作学习的兴趣；教师要引导学生对答案进行总结，使讨论的答案得到统一；最后，教师要特别注意对学生的心理进行辅导，让他们树立信心，同时提供有层次性的问题，使后进生也能胜任，强调整体的进步，形成让优秀生主动帮扶后进生的氛围；在合作探究的评价中，教师要对不同发展水平的学生有不同的要求，应关注每一位学生，特别是后进生。

（三）情境探究教学

情境探究教学是指在教学过程中，教师有目的地引入或创设具有一定情绪色彩的，以形象为主体的生动具体的场景，以引起学生一定的情感体验，从而帮助学生理解文本，并使学生的心理机能得到发展的探究教学方式。

第一，情境探究教学的基本原则：①意识统一和智力统一原则：要求教学中既要考虑如何使学生集中思维、培养其刻苦钻研的精神，又要考虑如何发挥情感、兴趣、愿望、动机、无意识潜能等智力活动的促进作用；②轻松愉快的原则：要求在轻松愉快的情境或气氛中引导学生提出各种问题，并展开自己的思维和想象，寻求答案，分辨正误；③自主性原则：强调良好的师生关系和学生在教学中的主体地位。

第二，情境探究教学的操作思路：①借助实验创设情境，帮助学生将当前的学习知识与自己已经知道的事物相联系，建构起所学知识的系统；②借助新旧知识的关系、矛盾，创设情境，让学生产生学习的欲望，从而形成积极的认知氛围和情感氛围；③借助生活实例创设情境，让学生有真切的感受，以便引起学生的探究兴趣，激发其求知的欲望；④运用实物、图画、表演、语言、故事等展现和创设情境。

第三，情境探究教学易出现的问题及解决方法：①易产生“花盆效应”：学生的学习能力在人工的、人为创设的“典型性场景”中发展比较顺利，但是脱离了该种情境后，很可能出现学习落后的现象；②由于情境教学过分强调情境功效，加之对课程整体性、意会性及模糊性特点不够重视，易出现人工雕琢之痕，以及“作秀”之嫌；③由于情境教学强调人为创设情境，对教师的素质要求太高，教师必须具备高超的语言表达能力，甚至要能歌善舞、能弹会唱。

针对以上问题，教师必须熟练驾驭教材，准确把握学生心理特点、智能水平，熟悉他们的内心世界。并针对学生的特点，恰当地选择和运用科学手段、方法，以便结合教材创设情境。另外，教师在运用情境教学法时，还应针对学科特点创设情境，并努力提高自身素质。

（四）问题探究教学

问题探究教学模式是以问题为纽带，让学生在提出问题、分析问题、解决问题的探究过程中，来建构知识体系、发展智力、提高能力的教学模式。

问题探究教学的特点与实施策略：①问题是教学的良好开端；②从问题出发，培养学生的思维能力；③师生角色的转变。

第一，问题探究教学的实施策略：①搭建民主平台，树立学生的主体意识；②多角度着手，培养学生的问题意识；③改变备课模式，以问题为核心，以问题为主线；④重组教学组织形式，创造更大的探究空间。

第二，问题探究教学的操作思路：①引发问题：根据学生要学习的知识点的内涵和外延，讲解者、促进者还要联系学生知识水平、生活实际，创设模拟情境，引发一系列问题；②组织探究：根据学生心理特点、班级授课制的特点，在教师组织、引导下，让学生紧紧围绕提出的问题进行独立思考、体验感悟、获取感性认识，并与身边的同学及教师进行探讨交流，澄清认识；③做出解释：教师要引导学生把通过感知获取的直接认识条理化，抓住其本质属性，并将其纳入已有的知识体系，融入已有的认知结构中；④运用深化：让学生运用获取的知识解决具体问题，在解决问题的实践中深刻体悟知识的内涵和外延，升华认识。

第三，问题探究教学易出现的问题及解决方法：①问题设计的整体性不够；

②问题设计的层次性不强；③问题设计的开放性不足。

针对以上问题，教师应采取化整为零的设计方法，在把握总体目标的基础上，在设计问题时把总目标细分为一个个的小目标，一个个容易掌握的题目，让其形成问题链；问题的设计要有坡度，层层递进，以点带面，逐渐扩展和深入，使学生从一个个问题的解决中，有层次地掌握知识和技能；在问题设计上，还要从能够启发学生多角度多元化的思考出发，答案不要太死，思路不能太窄。我们要以学生为中心、教师为主导、兴趣为主线，统筹兼顾，让学生积极主动地探索和获取知识。

第三节　体验式外语教学

一、体验式教学的基本内容

（一）体验的含义

“体验”（experience）为动词，在《辞源》中，既有“领悟”“体味”“设身处地”的心理感受含义，又有“实行”“实践”“以身体之”的外部实践含义。《现代汉语词典》对体验的解释是：“通过实践来认识周围的事物；亲身经历。”教育心理学指出：“体验是人在实践中亲身经历的一种心理活动，并在亲身经历中体会知识、感受情感。它包含两种含义，一种是行为体验，另一种是内心体验。”体验是一个人对愿望、要求的感受，在的历时性的知、情、意、行的亲历、体认和验证，体验是过程和结果的统一，作为一种过程，体验者在其中经历从观察、思考、反思到实践的流程；作为一种结果，它使体验者从对事物的感性认识飞跃到理性认识，形成对事物的独特看法，并且体验者的认识得以深化，情感得以升华。

不同的学者研究体验的角度不同，他们对体验的描述也不同，但我们可以通过分析、比较得知体验具有本体性、亲历性、情感性、整体性、生成性、自主性、个体性和缄默性等特征。

1. 体验的本体性

体验和生命是不可分的，如果说体验是一种经历，那也是一种生命经历，包含了一种不可替代的与本体生命的关联。在体验中，本体投入的不仅是认识，还有情感、态度、意志、领悟等更能代表生命特质的因素，本体通过体验不仅将对象融入自己的生命意识之中，用自己的整个生命去参悟和体会，而且把握自身的生命特性，感受生命的意义与价值所在。

2. 体验的亲历性

亲历性是体验的本质特征。亲历包括：实践层面的亲历，即主体通过实际行动亲身经历某件事；心理层面的亲历，即主体在心理上、虚拟地“亲身经历”某件事，也包括两种情况：对别人的移情性理解，对自身的回顾、反思。体验作为一种和生命、生存密切相关的行为，总是和主体自身的经历相联系。只有当一个人对某种事情、某种生活经历了，并且在经历的过程中有了某种感悟，他才能生出体验。

3. 体验的情感性

体验是带有浓厚情感色彩的心理活动。体验的出发点是情感，主体总是从自己内心的情感积累和先有的感受出发，去体验和揭示生命的意义；而体验的结果也是情感，是一种新的更深刻地把握了生命活动的情感的生成。体验的产生离不开情感，通过体验又能生发更深厚、更具意义的情感。有了这种情感的升华，就获得了对生命存在的真切感悟。

4. 体验的整体性

体验是主体基于已有的认知与情感，投入整个身心，对体验对象的整体把握。体验中的认知是对对象的整体认知，体验的过程是包括认知在内的多种心理因素整体发挥作用，体验的结果不只是形成认知、观念，而且还要产生情感、态度乃至人的素质与精神。

5. 体验的生成性

体验是一种伴有情感反应的意义生成活动。主体与环境发生联系时，通过想象、移情等多种心理因素的交融，外部世界在主体心灵中被激活、唤醒，可生成新的意义；体验之后，主体的自我生命感得到增强，精神素质得到提高。

6. 体验的自主性

体验总是主体自己去体验，体验的产生需要主体的自主性，在体验中获得的感受、领悟、情感和意义，都是主体通过自主的活动自觉地产生的。体验的过程就是主体获得新的自我认识、自我建构、提升其主体性的过程。

7. 体验的个体性

体验总是与体验者个体独有的认知结构、情感态度、价值取向、人生经历发生联系，而每个个体的生命都是独特的、不可替代的，因而体验也是具有个体性的。即使是同一件事情，不同的个体完全可以以不同的方式去亲历，得到不同的认识，产生不同的情感，也就有着不同的体验，正因为主体的体验存在差异，他们之间才有交流和分享的必要和可能。

8. 体验的缄默性

体验是主体的亲历，意味着在场，主体从体验中获得的丰富的内心感受，对不在场的另一主体而言，有些成分是可以言说的，有的则只能意会、不可言传，这可称为“缄默性知识”。如审美体验就是这种情形，主体在观赏和享受美时，伴随着紧张剧烈的内部活动、丰富的想象、热烈欢快的情感，产生的是深层的、活生生的、令人沉醉痴迷而难以言说的特殊的内心感受。

（二）体验式教学的含义

体验式教学源自体验式学习（experiential learning）。人的学习过程分成两类：一是左脑式学习，另一类是右脑式学习。左脑式学习就是我们过去很多年学校教育的特点，就是老师传授很多现成的理论和知识，让同学们记熟会背；而右脑式学习则是强调身体力行的“体验”，就是从你亲身的感受中去学习及领悟。左脑式学习重理论，而右脑式学习重实践。所以，体验式学习也可以被看作是“右脑式学习”，指学习者亲身介入实践活动，通过认知、体验和感悟，在实践过程中获得新的知识或技能的方法。它强调学生的感悟和体验，要求学生充分运用已有的知识与生活经验，在对新情景感知的基础上，通过体验获得新知识。体验式学习注重为学习者提供真实或模拟的情境和活动，让学习者在人际活动中充分参与来获得个人的经验、感受并进行交流和分享，然后通过反思和总结获得经验的提升，形成理论或成果，最后将理论或成果应用到实践中。体验式学习对培养学生健康的心理素质和积极进取的人生态度，增强团结合作的团队意识起到积极的作用。

如果说体验式学习是以学习者的学习活动为研究对象，那体验式教学则是从教师的角度来研究教学活动的设计，以促进学生的自主发展。国内的学者对体验式教学有着不同的描述，一般来说，体验式教学是指在教学中，教师根据学生的认知特点和规律，积极创设各种情景，引导学生由被动到主动、由依赖到自主、由接受性到创造性地对教育情景进行体验，并且在体验中学会避免、战胜和转化消极的情感和错误的认识，发展、享受和利用积极的情感与正确的认识，使学生充分感受蕴藏于这种教学活动中的欢乐与愉悦，从而达到促进学生自主发展的目的。

体验式教学是教师通过精心设计的活动让学生体验或者对过去经验进行再体验，引导体验者审视自己的体验，积累积极正面的体验，达到对对象本性或内涵的一种直觉的、明澈的透察，使心智得到改善与建设的一种教学方式，是通过实践来认识周围事物，用亲身的经历去感知、理解、感悟、验证教学内容的一种教学模式，是“以学生为中心”“以任务为基础”，让学生通过具体体验来“发现”语言使用原则并能够应用到实际交流中的教学方法。体验式教学就是要强调学生的自主体验，教师通过创设一种积极的认知情境来构造平等融合的学习气氛，促使学习者运用自己的经验和已有的知识背景来获取新知，完成知识处理和转换并构建自己的知识结构，从而使学生成为真正自由独立、情知合一、实践创新的“完整的人”的教学模式。体验式教学把教育的对象看作是具有完整生命意义和情感的人，而不是单纯的认知主体。

教学因此是一种生命的存在方式，教学的过程不只是一种认知过程，更是体验生命的过程，是人的心智和认知都得到发展的过程。在这一过程中人们不仅获得知识的积累、行为的改变、认知能力的发展，更获得作为整体的人的情感、态度、价值取向乃至信念的形成与演化，获得作为整体的人的全面发展。总之，体验式教学以人的生命发展为依归，尊重生命、关怀生命，拓展生命、提升生命，蕴含着高度的生命价值与意义。它所关心的不仅是人可以经由教学而获得多少知识、认识多少事物，还在于人的生命意义可以经由教学而获得彰显和扩展。体验式英语教学就是使学习者通过在真实或模拟英语学习环境中的具体活动，获得语言体验和感受，并通过与其他学习者之间的交流和分享学习体验，进行反思、总结，最终再回到学习之中去。

（三）体验式教学的特征

1. 体验式教学尊重生命的独特性

尊重生命的独特性就是尊重每一个学生的独特性、相异性，懂得每个人都是独特的自我，对学生个性给予接纳和肯定，对学生的不同思想、不同见解能够宽容与支持，不会用统一的标准衡量所有的学生，了解每个学生的长处和不足，知道每个学生学习方式的不同，善待处于弱势的学生，让每一个学生都能在教学中获得成功的机会，体验到生命成长的快乐。

2. 体验式教学善待生命的自主性

人天生对环境充满了好奇，有着认识外部世界的本性，喜欢自己去追问、去探寻、去创造，并在此过程中展现生命的力量、理解生命的意义。人还天生具有自我认识、自我发展的本性。体验式教学让学生在学习中主动地探索外部世界，自觉地认识自我、追寻自我、提升自我，它所追求的不只是学生通过自主学习更好地获得知识和能力，还要让学生在探索世界、探索自我的过程中增强自主性，体验到生命的力量与意义。

3. 体验式教学理解生命的生成性

体验式教学明了生命的发展性、未确定性以及由此而具有的生成性。教师不会用事先设定的目标约束学生、限定学生，不会把外在的目标强加给学生，不会只注重未来的结果而忽视学生在当下学习生活中的生命状态。他懂得学生总在变化着、成长着，他们在不同的学习阶段有着不同的生命体验，教师所要做的是为学生创设一个有助于其生命充分生长的情境，把学生的生命力量引出来，使学习过程成为学生生命成长的历程。

4. 体验式教学关注生命的整体性

人的生命具有最丰富的内涵，人不仅有认知，还有情感、态度和信念。体验式教学不只是让学生对知识进行认知、积累和加工，还要让学生通过体验与反省使知识进入内心世界，与他们的生活境遇和人生经验融化在一起。体验式教学让学生的认知、情感、意志、态度等都参与到学习中来，使学生在认识知识的同时感受和理解知识的内在意义，获得精神的丰富和完整生命的成长。

5. 体验式教学重视生命的平等性

体验式教学中的师生关系是通过教学中的交往、对话、理解而达成的“我你”

关系，而不是传统的“授受”关系。在传统的教学中，教师的主要作用是讲授和传递书本知识，学生则是被动地接受知识，这种师生关系只是一种知识传递关系，教师漠视学生的独特性、自主性，师生之间很难有平等的对话与交流，因而难以形成积极的情感体验。而师生之间的“我你”关系不只是知识传递的关系，而是有着共同话题的对话关系。在对话中，师生进行着知识与智慧的交流，感悟着生命的意义与价值，相互尊重，彼此信赖与激励。教师总是为学生彰显各自的生命力量、发展各自的独特精神提供一个广阔、融洽、自主的空间，让学生的心灵得以自由舒展、生命意义得以真正实现。

二、体验式教学的模式和方法

体验式英语教学是在目前外语教学理论的发展基础上，借鉴体验式学习的优势而提出的。一般认为，人类语言离不开具体的体验感知，语言是通过人们运用自身的五官对现实世界的“互动体验”和“认识加工”形成的。由于英语是一种交流的工具，英语学习的有效途径是边学边用，这符合体验式学习的特征。体验式教学主张在教学活动中，学生不再是被动的知识接受者，而是从行为和感情上直接参与到教学活动中来，通过自身的体验和亲历来建构知识。在体验式教学过程中，教师尽可能为学生提供可听、可看、可触摸、可经历、可操作的机会，运用各种体验教学方式尽可能把抽象的知识还原成事实，让学生面对需要去思考、讨论、合作，让学生去体验事实、体验问题、体验过程、体验结论，使学生在教师引导下真正感受到感情与思想的萌生、形成和交流的过程，感受到引人入胜的探究过程。

体验有实践层面的体验，也有心理层面的体验；既可以通过学生主体亲身经历某事来展开体验教学，也可以通过学生主体在心理上对自己或他人的“亲身经历”的再现来进行体验教学。体验教学的模式和方法主要有反思回味式、心理换位式、交流互动式、情景沉浸式、实践活动式和艺术陶冶式。

（一）反思回味式（自我再体验）

学习主体通过现象、联想、记忆，把自己经历中最值得珍视的生活事件（包括成功、失败、快乐和苦恼）进行过滤和反思，即从心理层面上重新“经历”主体以前的经历，以引发相应的体验，这样的体验具有回顾和反思的性质，这种“自我再体验”就是反思回味式。如：追忆情景体验法。

（二）心理换位式

让学生从心理层面上去亲历或模拟某个角色，从中体验与该角色相符的思想、观点、情感和行为；或虚拟自己经历了某件事，联想事情的前因后果，从中体验事件的意义。也就是主体从心理上扮演他人的角色，虚拟“经历”他人的“亲身经历”，这样的体验具有移情的性质，这种移情性的对其他体验就是心理换位式。如：角色扮演体验法、学生讲课法、换位体验法。

（三）交流互动式

交流互动式是让学生在相互交流、讨论中，在不同意见的碰撞中去领悟学习内容中只能意会的知识。这种体验的教学形式多为在学生充分准备的基础上，以小组为主要形式开展学生间的相互交流、讨论。教师要设计恰当的讨论主题，主题可以由教师提出，也可以由教师引导学生提出。

（四）情景沉浸式

在教学中教师根据特定的教育内容和学生实际设计某种情景，如：恰当运用实物演示情境，借助图像再现情境，播放音乐渲染情境和扮演角色体会情境等手段，强化学生的情感体验，让学生在这种情景与学习内容的结合中产生联想和情感的共鸣，从而领悟学习内容中只能意会的知识。教师的重要任务是如何巧妙设计情景，使大多数学生都能沉浸在情景中，发生联想和产生情感的共鸣，这就是情景沉浸式。如：媒体情景体验法、多媒体教学体验法。

在课堂教学中，要创设生动逼真的情景使用最多的就是多媒体。多媒体往往能传递生动形象的画面，悦耳动听的声音，具有很强的视听效果。它能够使声音与图像结合、语言与情景结合、视觉与听觉结合，便于创造语言运用的真实情景。多媒体的动画画面所展示的仿真环境使学习者有身临其境的感觉。以往一些需要教师反复指导练习、记忆的内容，现在通过一些活泼的动画，栩栩如生的描述得以实现，充分调动了学习者的视觉功能，让学生感知、体验，身临其境，激发“说”的欲望，从而更有效地参加与学习过程。

（五）实践活动式（原体验）

这是一种本原性体验，就是体验主体在实践意义上亲身经历某事并获得相应的知识和情感。例如，让学生在学习中动手操作或进行某些学科、社会实践活动和研究性学习活动，在这些活动的经历中去体验，从而加深理解和产生认识、情感、行为的变化。实践活动式主要包括社会实践法、课内外主题活动体验法、课内外探究活动体验法、实践体验法等。

知识来源于生活又服务于生活；课堂教学就是一个由生活转化为知识，而又用知识去认识生活的过程。所以，教师要尽可能将课堂延伸到课外，使学生所学知识、兴奋点、疑问点均能伴随学生走出教室融入学生的课外生活中，开展相应的第二课堂和社会实践活动，能使学生在活动中得到内在情感的体验和升华。

（六）艺术陶冶式

艺术陶冶式是组织学生在艺术陶冶中激发起他们的体验。艺术是对生命体验的表达，如果说科学的世界是人类理性的世界，那么艺术的世界就是人类情感的世界、体验的世界，艺术作品是人类情感的表现形式。活动需要教师从教学要求角度设计，并给学生以帮助和指导。实践活动和研究性学习的研究主题可以由老师给出，但应当给学生一个自由选择的余地。

总之，体验式教学的模式和方式多种多样，关键是教师要在教学内容中融入学生的年龄特点和需求，选择适当的方法和切入点，创设恰当的体验学习情境，让学生在和谐的学习活动中体验、感悟和认知，既保证体验学习的时效性又保持体验学习的多样性，使每一次体验教学都成为学生对客观世界的领悟，对生命意义和生命价值的体验。学生不同、教师不同、教学条件不同，体验教学的方式和方法也应该是多样的。

第四节　情景再现式外语教学

一、现代情景再现是外语教学的基本内容

（一）情景教学法的定义

情境，即情况、环境，是由外界、景物、事件和人物等因素构成的某种具体的教育境地。它包含林林总总的形象化的典型的教育现象。情境可以利用文字、音像等多媒体形象图的方式表示教育行为的诸多因素的运行。其中主要因素是：

教师、学生、教育中介、要素间的联系、实施教育的过程、时间、地点。

“情景教学”之“情景”实质上是人为优化的情境，是促使学生能动地活动于其中的环境，是一个有情有趣的师生互动的广阔空间。它是将教育、教学内容镶嵌在一个多姿多彩的大背景中，为学生的发展提供优质的生活世界。确切地讲，情景教学就是通过设计出一些真实性和准真实性的具体场合的情形和景象，为外语教学提供充足的实例，并活化所教的语言知识。这种情景的生动性与形象性，有助于学生把知识融于生动的情景之中，提高学生的学习兴趣，改变以往英语教学枯燥无味的局面。创设的情景越活泼、生动、准确，学生就越能理解所传递的信息，触景生情，激活思维，激发表达思想的欲望。

情景可以分为现实情景、回忆情景、联想情景以及情景的转换与交叉等。情景教学法把简短的情景对话当成语言的基本单位，使新的语言结构出现在相关的语境之中。句型练习和记忆也是教学手段的一部分，但这些练习取之于一定的语境，这些情境是根据学生的需要而定的。因此，情景教学法就是在教学中教育者根据教学目标需要创设具体生动的一连串有联系的场景，利用具体的形象或根据语言描述使受教育者在头脑中形成表象，从而有效地调动受教育者的非智力因素，激发他们的学习热情，从而引导他们从整体上理解和运用语言的一种教学方法。

（二）情景教学法的特点

情境学习理论强调学习情境的极端重要；重视主动探索操作和经验学习；强调学习活动的真实性、交际性、趣味性和创造性。

1. 真实性

创设情景要从学生日常认知和真实性的活动着手，不能与学生生活经验相差太远。只有真实、贴切的情景才能迅速、有效地激活学生原有的认知结构，使学生建立起新旧知识之间的联系。所谓情景的真实性是指学习任务发生的情境与知识技能被运用的实际情境相联系的程度。教师在课堂教学中应创设接近真实的情景，真实的任务和学习领域内的一些日常的活动和实践，帮助学生用真实的方式来应用所学的知识。情景越真实，学习建构的知识就越可靠，越容易在真实的情境中得以运用。

2. 交际性

英语是一种交际工具，英语教学要培养学生使用这种交际工具的能力。所以情景要有交际性，才能培养学生使用语言交际的能力。交际能力是指一个人与别人进行语言交际的能力。课堂上要有意识地在活动中给学生们以不同片段的信息创设交际双方都不知道对方所用语言信息的情景，即制造信息差距，学生则通过交流搭起沟通信息的桥梁以完成共同的任务。如果课堂教学中的情景交际活动没有语言信息差，学生就没有必要通过语言沟通来完成交流，学生所说的语言就失去了交际意义而成为简单的句型或造句活动。

3. 趣味性

学习过程是智力因素和非智力因素共同参与的过程。智力因素即人的认识能力包括记忆力、观察力、思维能力、想象力等。非智力因素是指智力因素以外的一切心理因素包括意志、情感、兴趣、注意等。兴趣是学习语言的内驱力，学生对语言持有学习兴趣与否直接影响着语言的掌握程度。而学生对语言学习兴趣的差异并不完全是天生的，后天的环境、教育等也有很大的影响。因此，教师在英语教学设计情景时应该考虑到情景的趣味性，充分调动学生在学习过程中的热情和乐趣，使其积极的学习行为高效地持续下去。

4. 创造性

学习者应具备在一定目标的要求下，运用已有的知识，灵活创造出新的语言表达形式的能力。在外语教学中，如果情景的创设只是简单的模仿和句型的读、背，则无法培养学生的语言创造能力。因此，教师应该挖掘课文内涵，设计有意义、有任务、有要求的合理情景，让学生充分发挥其想象力和创造力，也可以让学生自己创设一些情景，培养学生的创新意识。

二、情景教学的原则和方法

（一）情景教学的基本原则

教学中创设真实情景，为学生创造积极的情绪体验，使语言学习变得轻松快乐。情景教学法基于对人类认知和学习行为根本规律的了解，使得语言学习在课堂形式上活泼丰富，如果操作得当，学生的积极性会得到很大提高，从而大大提升语言学习的效率。但是，它同时也对教师的教学管理技能、资源搜索技能、多媒体使用技能以及知识面和实践经验等提出了较高要求。而且，一旦使用不当，教学内容容易沦为教学工具的附庸，使教学的有效性受损。因此，应用情景法教学需遵守以下几个基本原则。

1. 系统性原则

在语言知识的安排上，要具有系统性和科学性。从口语开始学习，然后再见之于书面材料；课堂上用外语教学，但并不完全排斥母语；新的语言点是通过情景介绍出来并进行操练；词汇教学方面选教最常用的单词，以此为核心，再逐步扩大词汇量；由简入繁地介绍语法项目，用归纳法教语法；合理地安排听说读写不同阶段，听力训练一段时间后才开始教说，在口语有了相当基础后再分别转入读和写等。

2. 参与性原则

在课程教学中，要充分鼓励学生在情趣中参与，在实践中感悟。情景教学的核心就是设计戏剧性、幽默、激情、多样的学习情景，而这些情景需要每一个学生的充分参与；情景教学的另一个重要特征是重视引导学生学习生活知识，运用知识解决生活中的实际问题，注重联系生活实际唤起学生以往的生活经历。在教学过程中需要重视学生的内心体验与感受，这样，才能保证学生在行为和情感上双重的“参与”。

3. 情景优先原则

教师应当把情景创设放在优先地位，先让学生观察情景，然后再让学生进行听音、仿说和练习，从而帮助学生更快地感知和理解新的语言材料。利用生动、直观的形象充分调动学生大脑原有的相关经验与新知识之间的连接，熟悉、理解所学新语言的形式与功能。

4. 可操作性原则

情景设置应方便实用，具有灵活性与开放性，多组织学生活动而不是单一地呈现知识，避免过度依赖多媒体造成的教学障碍。同时，情景的创设需生动直观，避免与学生的认识能力脱节而造成误解。

（二）创设情景的方法

1. 直观教具

直观教具包括具体实物、图片、简笔画、幻灯片、电影等。直观教具的使用可以引起学生的注意和兴趣，使课堂变得生动有趣，学生会很轻松愉快地感知和理解教材。利用视觉辅助物开展教学简单易行，教师可以自制或购买现成产品。

2. 具体实物

具体实物主要指生活中常用的各类物件，这是创设情景最直接、经济、有效的手段。具体实物所创设的情景生动、形象，可以立即引起学生的注意，激发学生的学习兴趣。具体实物一般适宜在初学阶段用来创设情景，比其他直观教具更快地被识别。

3. 体态语

所谓体态语是指人在交往过程中用来传递信息，表达信息，表示态度的非语言的特定身体态势。这种特定的身体态势既可以支持，修饰或否定言语行为；又可以部分地代替言语行为，发挥独立的表达功能；同时又能表达言语行为难以表达的感情和态度。体态语的特点之一是辅助性，可以表情及身体其他有关部位的态势为手段起到交流的作用、例如，面部表情可以表达愉快、兴趣、兴奋、惊奇、厌恶、愤怒、恐惧等情感。眼神也同样可以表达喜怒哀乐等情感。

4. 表演法

表演法是一种形象化的教学艺术，可由教师进行示范性表演和学生进行自我表演。教师的表演既可生动演绎教学内容，也会给学生进行自我表演带来极大的鼓舞和勇气。在学生进行自我表演的过程中，教师也应该积极参与到其中，可以充当导演、评委或其中的一个角色。学生在表演前要明确表演的目的和任务，这样才能更好地为教学服务。通过表演，抽象的语法会化刻板为生动，使学生在欢乐、活跃的氛围中学习语法。

5. 言语描述情景

用具体实物、简笔画等创设的是一种客观的情景，主要用于英语教学的初始阶段，它通过刺激学生的感官帮助学生感知、理解教学内容，但它不利于培养学生的抽象思维能力。而用语言描述情景正好可以弥补这一方面的不足。言语描述情景的应用要在学生积淀了一定的词汇和语法知识后效果更好。言语描述的情景可以培养学生的想象力，抽象思维能力。它可以用于语言输入阶段和输出阶段。例如，在语言输入阶段，教师可以把教学的词汇编成一个故事，讲给学生听，学生根据老师的描述在脑海里勾勒出情景，并感知新的语言知识。在输出阶段可以让学生根据所学的词汇或语法编故事、对话或短剧，由此可以激发活跃学生的思维能力。

6. 游戏

游戏是一种娱乐活动，经常被用在英语教学中。游戏往往能引起学生的兴趣，创造出一种轻松、快乐的气氛。学生既满足了“玩”的需求，又在不知不觉中学习了语言知识和掌握了语言技能，也就是“在玩中学，学中玩”。在游戏活动中，学生活跃了思维，增强了自信心，培养了积极向上的情感。游戏应具有趣味性、知识性和灵活性，符合学生的心理发展特点。游戏的形式要灵活多样，针对不同的语言知识设计出不同的游戏形式，学生才会不断产生新鲜感，积极参与游戏，获得语言知识。

7. 多媒体教学

多媒体教学是指以计算机为中心，将声像处理技术、视听技术与课堂教学合理地结合，它是实现课堂教学过程中最优化的途径之一。多媒体教学突破了传统教学模式的束缚，以现代化的手段运用文字、图像、视频、声音营造教学氛围，传递新知识，起到提高教学质量，激发学习兴趣和创新思维，开拓学生知识视野的多重作用。多媒体教学的优势有利于激发学生的学习兴趣，有利于创设良好的语言环境，有利于优化课堂教学。

（三）情景教学的一般程序

1. 情景导入

这是学生新接触语言材料的阶段，也是语言学习的输入期。教师可通过呈现实物、图片、投影等方式创设静态情景，帮助学生理解新词语和句型，建立形、音、义的联系，实践活动主要是听音、仿说等。

2. 情景操练

这是学生对语言材料的练习阶段，也是语言学习的半输入、半输出期。在这个阶段，教师可通过录像、视频、体态语等方式创设动态情景，让学生做机械性或替代性练习，让新的语言知识得以巩固。

3. 情景运用

这是学生对语言材料的活用阶段，也是语言学习的输出期，教师可以通过创设故事性情景，如角色扮演、小品表演等，培养学生灵活运用语言的能力。这是交际能力的形成时期。

（四）教师在情景教学法中的作用

情景教学法中，教师的作用主要有三种。

1. 示范作用

演示目标结构所使用的语境并提供例句让学生模仿。

2. 协调指挥作用

教师就像一个乐队的指挥，通过提问、命令和其他提醒方式引导学生正确回答问题。因此，情景教学法中，教师起着主导作用，由教师决定教学的难度和进度。

3. 监督作用

在学生操练过程中，教师应随时留意学生的语法和结构错误，以便在以后的课堂中作为讲解要点。

第三章 外语教学的组织形式

第一节 外语教学的课堂教学

一、外语课堂教学的特点

外语教学的组织形式主要包括：课堂教学、电视教学、网上教学和课外实践。

（一）实践性

外语是一门实践课，学习外语是为了使用它。因此，外语课堂教学的中心是学生的外语实践活动。外语课堂是学生充分进行外语交际实践的场合。

（二）多信息

课堂是学生接触外语的主要渠道，外语课堂教学必须保证学生接触到尽量多的外语语言材料，让学生在获得大量的可理解性语言输入的基础上接触、运用和归纳语言规则并习得语言。在外语课堂上教师要尽可能地用外语授课和组织课堂教学，并为学生提供难度相当的、比记住的多好几倍的听、读外语材料。这一过程可以借助于录音、语料库、多媒体等辅助教学形式来实现。

（三）精读多练，高密度、快节奏

外语课堂教学必须以练习作为课堂教学的外部手段，学生外语实践要量大面宽，教学节奏要明快，练习转换、环节交错要紧凑。教师要充分调动学生的学习积极性，发挥学生的主人翁态度，促使他们主动积极参与各项外语实践活动。

（四）外语交际的练习场所

外语课堂教学应能让学生获得更多直接使用外语的机会，让学生“沉浸”于使用外语的环境之中。因此教学内容要具体，不要太抽象，尤其对初学者，应从看得见、摸得着的内容入手。教师的主要任务是选出具有知识性、趣味性和真实

性的教学材料来组织学生进行课堂交际活动，并在学生遇到表达和理解困难时，及时给予引导和帮助，以使交际活动顺利地继续下去。同时，教师还应缩小师生距离，积极参与课堂交际活动，与学生打成一片。

（五）形式多样

外语课堂教学形式要做到多样化，力求动静结合，口笔结合；讲授、操练、测验结合，以拓宽语言输入输出的方式和渠道。

（六）优点

以班级授课为基本形式的外语课堂教学，有许多明显优点。一是有利于发挥教师的主导作用，提高教学工作效率，经济有效地大面积培养人才；二是有利于发挥集体的教育作用，变个别教学为集体教学，使学生能够互相观摩、共同切磋、从而有助于培养学生的组织性、纪律性和集体主义精神；三是有利于实现教学大纲和教材的指导思想和要求，使教学有计划、有步骤地进行。

二、外语课堂教学的类型

外语课堂教学类型是开放的。具体类型可根据教学目的、教学内容、操练形式等视情况而定。如，按教学内容和目的可分为：综合外语课（精读课），口语课（会话课），阅读课，视听说课（听力课），写作课，翻译课等；按语言材料可分为：语法课，词汇课，语音课等。

常用课型多根据教学目的划分。其中综合外语课多适用于中、低阶段的外语课堂教学，是外语教学实际工作中最常用的课型，指在一节（或一次课）内同时实现多种教学任务的课，包括传授语言知识（语音、语法、词汇、句型），训练听、说、读、写、译等多种言语技能，进行交际训练等。在学生具备初步的语言基础知识之后，再加入口语课、阅读课等其他课型。

三、外语课堂教学的结构

课堂教学的基本结构是指一节（或一次）课的基本组成部分（或环节、阶段、程序、步骤）及各部分进行的顺序和时间分配而言。它是根据教学目的和任务、教学内容和方法、教学过程的基本阶段以及学生的年龄特点和知识水平而确定的。课型不同，结构也有所不同。

（一）综合课

综合课也叫混合课或综合型新授课。它是新授课与练习课、复习课三种课型（或其中两种课型）的混合。综合课体现外语教学的完整过程，便于进行语音、语法、词汇等方面的有机结合，便于训练综合交际能力，故它是外语课堂教学的最常见课型。

（二）新授课

新授课是以教授新知识为主要目的的课型，要求完成教学过程的感知理解两个阶段，识记→保持新的言语材料。从结构上讲，新授课是讲授新知识环节的扩大，它的构成是：组织教学→讲授新知识→巩固新知识→布置家庭作业。

新授课与综合课的根本区别在于：新授课突出新知识的讲练，其他环节压缩到最低限度，或干脆取消；没有综合性练习，新材料的初步巩固只有少量是最必要的；新授课的教学准备工作以组织教学为主；新授课的主要教学环节是新知识的讲练。因此，新授课多用于教授难度较大或容量较大的内容。

（三）巩固课

巩固课亦称巩固练习课，是在深入理解所学知识和技能的基础上集中进行应用性训练、检验知识的巩固程度和应用能力的熟练程度并反馈教学效果的课型。通过巩固课，使学生所学知识再次得到巩固，以便继续新内容教学。

巩固课常用来复习巩固刚学的新材料，如较多、较难、较大的语法项目、课文等。当综合课内练习的环节满足不了这样的需求时，就应安排专门的巩固练习课。该种课型的目的是通过口笔练习，练习刚识记的材料，使其稳固保持；或类推使用刚保持的教学内容，以求在听说读写中能够再认、再现以至自由运用，因此，一般以应用性训练和反馈教学效果为核心，而不采用辨识性练习。

如果定期把一个阶段或一个学期所侧重的教材在回想和联想的基础上予以系统化并进行概括和强化，以使学生掌握规则或提高其言语运用能力，则这种巩固课又具有阶段复习或总复习的性质。以掌握语言规则为目的的复习课，主要进行语言知识的练习；以提高言语运用能力为目的的复习课，常常从零星学习材料中归纳出一个情景，以进行交际操练。

（四）检查课

检查课（亦称测验课、考查课或考试课）的任务是比较集中地考查学生对某课、某单元、某阶段所学的知识及技能的掌握程度和熟练程度，了解学生的学习水平，以便调整教学要求和进程，更好地进行新的教学活动。此外，考查能使学生看到成绩与不足，明确努力目标。适时的、有意义的检查课能督促学生及时复习，促进学生学习自觉性的提高。

检查课的第一环节是准备教学。除必要的组织教学活动外，主要是提出检查目的、要求、注意事项等，使学生做好考查的思想准备。

第二环节是布置考查练习，之后由学生独立进行口头或笔头练习。在考查中，教师只是主持和巡视，不作提示或指导。

第三环节是小结讲评。这是及时反馈考查效果和培养学生检验能力的环节。由于练习题多是客观性问题，故可当堂公布答案，规定批改符号，由学生互批，教师同时进行重点问题的分析讲评。为了了解考查情况并督促学生批改，教师在学生互批之后要抽样批阅。抽样批阅可以是针对某些后进学生的练习，了解他们的进步情况，以利进行个别指导，也可以是将学生分成若干小组，每次轮流抽取其中一个或几个小组，以便记载平时成绩。为更好地发挥教师抽样批阅的督促和引导作用，上述两种方法宜结合使用。

如果考查结果不理想，教师可适当布置一些补偿性练习，并增设巩固课，以求进一步巩固。

（五）辅导课

在每一学习阶段或每一学期结束前，面临考查或考试之时，教师可适当安排辅导课。辅导课的主要目的是：为学生解疑，指导其做好课外作业；对学习较差的学生和缺课的学生进行具体帮助，必要时给他们补课；培养优秀学生，对他们作个别指导，布置补充性作业，介绍参考读物，以扩大他们的知识面；指导帮助学生寻求适合自己的学习方式，培养学生的学习能力，养成良好的学习习惯。

辅导的进行方式可分为课上辅导与课下辅导，集体辅导与个别辅导。课上辅导即为辅导课。集体辅导的方式有：小组辅导、课堂答疑和课下集体讲解。个别辅导的方式有：利用课堂练习或学生自习时间，教师在学生中进行巡视辅导，个别指点；设立辅导点，重点观察后进学生的作业情况，及时加以指导；参加学生的各种活动，随时随地为学生解疑。

辅导课的教学结构比较松散和自由，常见教学形式为集体讲解与个别辅导答疑相结合。无论针对何种问题，教师的辅导态度都要端正，耐心。对于一时不能给学生明确答案的问题，要给学生讲明情况，待迅速弄清楚后再及时解答。此外，教师要善于根据不同性质的问题和提问人的具体情况，选择不同的解答方式，力求使之听懂弄明白。对学习成绩较好、提出的问题比较深入的学生，可以采用启发、诱导的方法；对学习较吃力的学生，应着重帮助他们掌握基础知识，扫除学习中的障碍，多做一些最基本的练习，使他们逐步得以提高。

四、外语课堂教学形式的变化

21 世纪是创新的时代，创新的时代需要创新的人才，这种对人才的挑战也给教育界带来了新的思考和变革，外语教学也难免例外。因此，在新的时代，新形式的外语课堂教学理论层出不穷，最突出的是由“交际法”发展而来的“任务型语言教学法”。

（一）任务型语言教学法

所谓任务型语言教学就是直接通过课堂教学让学生用英语完成各种真实的生活、学习、工作等任务（Task），将课堂教学的目标真实化，任务化，从而培养其运用英语的能力。也就是说，以具体的任务为载体，以完成任务为动力，把知识和技能融为一体，通过听、说、读、写等活动，用所学语言去做事，在做事的过程中发展运用自己所学语言。简单地说就是：为用而学，在用中学，在学中用，学了就用。在组织进行“任务型语言教学”过程中，要注意以下几点：

1. 任务的设计要有兴趣性、真实性

因为学生兴趣与学习效果及教学效果密切相关。脱离学生的生活实际而设计的活动根本唤不起学生的学习兴趣，更达不到运用英语进行交际的目的。因此，教师在设计教学活动时应尽量以学生的生活经验和兴趣为出发点。

2. 任务的设计要有层次性

任务越容易，参加任务的人就越多，获得的成功体验也就越多，学习兴趣就会越浓厚。因此，在设计任务时应循序渐进，由易到难。刚开始设计的任务应稍微简单些，让大部分学生都参与进来。随着任务的渐渐深入，学生对任务信息的了解不断增加，稍难的任务也会变得容易起来。

3. 任务的设计要有多样性

语言交际是一种充满创造性的心智活动，多设计一些能启迪学生思维、激发学生学习热情的任务型活动，可以提高学生的综合运用语言能力。教师可根据所学课文的具体相关内容，给学生布置各式各样的任务。比如让学生为自己设计名片，画一幅自己居住地的地图，围绕课文中有争论的话题进行辩论，开展各种形式的小型竞赛，根据课文描述的内容画出图片，看图编写对话，改写课文结尾等等，都会从各种不同的角度刺激学生的积极性，激发学生的学习参与性。

4. 任务的设计还应延伸到课堂之外

根据学生年龄特点和兴趣爱好，积极开展各种任务型的课外活动有助于学生增长知识，开阔视野，展现才能。在教学实践中结合学生实际可组织唱英文歌曲、书写英文书法、编英文手抄报、演英文课本剧、举办英语晚会等多种活动。

（二）大学外语案例教学法

外语案例教学法是从其他专业的教学领域中借鉴而来的。它是一种通过对某一具体情景的描述，引导学生对其进行讨论的一种教学方法。案例可以把抽象的原理、概念等具体化，把它们置于一定的实际情景之中，学生可以通过对这些案例的分析，清楚地认识到这些原理和概念在实际生活中的用处和表现，从而掌握这些原理与概念的应用，这有助于开发学生的学习主动性。外语案例教学法的一个主要特点就是培养学生的思考能力，通过收集资料、分析资料、推理、归纳、综合等练习以促进学生的外语语言能力，适合应用于大学英语精读课文的教学。这一阶段的教学在解决了词汇、语言结构等表层问题之后，更应对课文的思想内容、作者的态度和情感、课文的社会意义等深层问题进行深刻的剖析，这一环节完全可以采用案例教学的模式，把课文视为一个活生生的案例，学生们置于一个有争论、有思索、有问题、有启迪的案例之中，会不由自主地去对其进行分析、推理、归纳、解答乃至辩论。

案例教学可以把课堂行为转变为社会行为，从单纯的语言学教学延伸到对人生观、道德观和社会责任感的讨论中，同时通过这一行为也可锻炼学生的语言运用能力。

随着时代的进步，外语课堂教学的形式必然会日新月异，不断有新方法和新观点涌现出来，以适应时代和社会对外语人才的需求。

第二节　外语教学活动的基本环节

外语教学活动是一个完整的系统，它在进行过程中是由一个个相互联系、前后衔接的环节构成的。从教师的角度看，教学活动包括：备课、上课、批改作业、课外辅导和教学评估等基本环节。

其中备课和上课的好坏直接影响到课堂教学效果的优劣。

一、备课

备好课是课堂教学取得成功的前提条件，是加强教学的预见性和计划性，充分发挥教师主导作用的重要保证。教师根据教学大纲的要求和所授课程的特点，结合学生的具体情况，选择最合适的教学手段和授课顺序，以保证学生有效地学习。通过备课，教师可以及时发现和弥补业务上的欠缺，不断提高教学水平。

充分备课是上好课的前提。提高课堂教学质量和效果，首先要抓好备课这一环。教学实践表明，教师在备课上所花的工夫直接影响授课的质量。就同一名教师来说，教授观摩教学课的教学效果一般都比平时好，原因并非观摩教学课上的教学能力提高了，而在于教师备课比平时充分得多。可以说，任何一堂成功的课，无不凝结着教师备课的心血。备课是教师课前准备的过程，也是教师提高知识水平和教学能力、总结教学经验的过程。教师通过一次次地收集资料，一遍遍地处理教材和确定教法，专业水平和教学设计能力就必然得到提高。备课同时也是教师把可能的教学能力转化为现实的教学能力的过程。

（一）备课的种类

根据参加人数，备课可分为集体备课和个人备课。集体备课一般要求教学集体（通常以教学组为单位）对确定教学目的、统一教学要求、安排教学进度、分析和确定教材的重点、难点和关键，以及研究教学方法等主要方面开展商讨和互助。在可能的情况下，可制订供教师个人备课参考的公共教案。集体备课不是要求制订出一个固定的、统一的、不可更改的上课方案，而是一种个人备课的辅助形式和参考形式，它必须在个人充分准备的基础上进行。个人备课必须以集体备课确定的方案为宏观指导，在具体问题上可以根据情况有所变通。

根据所教教材概括的学习阶段来看，备课可分为：学期备课、单元备课、课时备课、课前备课和课后备课等五种。

1. 学期备课

学期备课一般都在开学前或开学初进行，主要任务是学习教学大纲和研究教材。教学大纲是教学的指导性文件，是教师开展教学活动的基本依据。学期备课时，教师要了解大纲规定的本学期的教学内容、教学目的及其编排体系，并清楚地了解所教授教材在整个教学体系中的地位及其对进一步学习的意义和作用。教材是根据教学大纲编写的，是教师备课的基础。在学期备课中，教师要了解所教科目各册教材的内容和编排意图，并深入分析和研究自己本学期所教的全部教材。了解前者是为了掌握所教学科的全貌以及本学期所教内容在整个教材体系中的地位和前后衔接关系，避免重复或前后脱节；了解后者着重是要弄清本学期所教教材的基本内容、每一课的教学要求、目的、编排顺序、教学的重点、难点，以及各课之间讲解内容、练习内容的配合情况，并在此基础上制定学期教学计划。

2. 单元备课

单元备课是在学期备课和通读一学期全部教材的基础上，在每个单元讲授之前的备课，目的在于对本单元的教学内容进行深入的学习研究，确定单元的重点、难点以及采取恰当的教学方法，使单元教学任务在课堂教学中逐一得到落实。

3. 课时备课

课时备课是在学期备课、单元备课的基础上针对所教的一课进行全面性的备课。课时备课的主要任务是钻研教材，储备知识，了解学生情况，选择教法，准备教具，安排教学步骤和时间（编写教案）等。

4. 课前备课

教师的课前备课最好在某一课开课前一周内完成。为避免遗忘，教师要在上该课之前的一两天内重温一下教案，此后每上一次课（一般为两学时）再重温一遍。

5. 课后备课

教师每上完一次课，应根据学生的课堂表现及课后反映、听课教师的合理建议以及亲身体验，分析本次课教案的实施情况，整理心得体会，总结经验教训。教师可以对本次课的教学进行自我分析鉴定，分析教学目的、要求是否恰当，教学内容的处理是否恰当，选用的教法和教具是否恰当，教学过程中是否面向全体学生，是否因材施教，教学效率如何，教学效果如何，下一次课应采取何种措施予以弥补并完善教学等。

根据课后备课的情况，教师往往要对下一次课的教学重点、教学时间等的安排做出相应调整。因而，前一次课后的备课情况往往会影响到下一次的课前备课，这体现教师备课中处理细节问题时的灵活性和不确定性。

（二）备课的要求

第一，理解和掌握本课涉及的全部语言点，划分重点和难点。用目的语（特别是教过的词语）讲解新词汇、短语和新语法点的意思和用法，解释课文中出现的难句，简化长句及有文化背景的语句、词汇、专名等；

第二，引导学生进行课文分析，用目的语概述段落大意、复述课文、对课文进行各种提问以及进行简短的评论；

第三，熟悉教科书的练习，明确标准答案和可能出现的多种答案，了解练习意图，建立练习与课文的联系，考虑是否根据需要适当改变练习方式和要求。对于学生可能遇到的难点，可通过渗透法，在课文、词汇和语法的讲练过程中有意识地适当多次再现或提示；

第四，分析学生水平，考虑新旧材料的衔接问题，准备好引言、导言或过渡语，做好归纳总结（必要时可列表或列图）；

第五，进行教学分工，考虑好教材中哪些内容由教师主讲，哪些内容靠学生的回忆、回答、讲解来完成；

第六，做好朗读工作，要求学生背诵的篇章教师首先要进行背诵；

第七，编写补充练习材料（包括本课测验用材料）；

第八，划分课时，安排教学行程。

二、上课

（一）基本要求

上课是整个教学工作的中心环节，它直接关系到教学质量。要上好课必须符合下列要求：

1. 态度正确，目的明确

教学活动实质上是师生间思想情感的交流过程。教师只有教学态度热情、诚恳、亲切、耐心、谦虚、谨慎，才能使学生产生亲切的感觉，也才能感染学生，振奋他们的精神，使他们干劲十足地投入学习。

教师还必须根据教材内容和学生的实际情况确定每一节课的教学目的，提出恰如其分的要求。教学目的，一要具体，二要全面并保证每堂课突出一两个主要目的。与此同时还要全面考虑其他任务的落实等等。

2. 组织合理，内容正确

每位教师都应根据学生实际、教学条件以及自身的教学经验，组织和处理教材，形成一个有主有次、有详有略、前后有序、张弛适宜的结构。因此，钻研教材不仅是对教材的理解领会，还包括对教材的加工处理。学生已熟悉的内容可以略讲，要突出重点和难点。内容要紧凑，有重有轻，有主有次，避免提出与主题无关的问题。

3. 教学方法正确灵活

教师必须根据教学任务和教材内容的特点及学生的具体情况，以正确的教学原则为指导，灵活巧妙地运用教学方法，提高学生的学习积极性，启发学生思维。教学方法的选择与运用是否恰当，主要看学生的学习积极性是否被充分调动，学生的主体作用能否发挥，学生是否高效地完成规定的教学目的和任务。一堂成功的外语课，不能仅满足于科学性和系统性，还必须看学生是否有获取知识的动力，是否带着一种高涨的情绪进行思考和学习，是否处在积极的智力活动之中。

4. 严格守时，效果良好

做好课堂教学的组织工作，是保证教学工作正常有序进行的基本条件。一堂课的成功，不仅有赖于良好的课堂开端，有声有色的讲解过程，而且还要看教师是否圆满地完成全部教学计划，教学结束是否合理和恰到好处。因此，教师要养成准时上课和准时下课的习惯，无特殊情况，不可提前，也不可拖延。一堂课接近尾声时是学生比较疲乏和注意力分散的时刻。如果教师不采取恰当的方法，就不会达到理想的教学效果。

课堂教学组织得好的另一体现是教学效果好。上课是教师和学生的双边活动，良好的教学效果的保证是师生的积极性都被充分调动起来，其中提高单位时间内的学习质量和学习效率特别重要。课堂教学效果良好的重要标志有二：一是教师要讲好课；二是有个良好的课堂气氛。

（二）组织方法

1. 用语言艺术组织教学

语言是交流的工具。在教学过程中，教师的语言对集中学生的注意力，唤起学生兴趣有着重要的作用。因此，要想讲好课，除了要有坚实的专业知识和广博的百科知识外，还要善于朗读、善于大胆运用丰富而恰当的表情、声调、手势和动作，善于讲演式授课，避免拘束和照本宣科。如果教师能以正确的观点、严密的逻辑论证、精辟的分析、贴切的比喻、生动形象的描述来讲解，并善于把抽象的概念具体化、深奥的哲理形象化、枯燥的知识趣味化，就不仅可以给学生留下深刻的印象，而且有助于组织教学。如果教师能恰当地运用语言声调的抑扬顿挫，轻重缓急，高低快慢，就能促成教学过程的节奏分明和教学气氛的波澜起伏，学生的思维也将随之活跃起来。为此，当讲到教材的重点、难点或关键之处时，不妨放慢语速，加重语气，用抑扬顿挫的语调吸引学生注意，使之加深理解。如课堂秩序出现混乱,应有意变换声调,采取声缓而语重的方式讲解,使之集中注意力。

2. 用感官手段组织教学

课堂上教师面对的是几十个性格各异，能力有别的活生生的个体，而且在一堂课的过程中常常产生许多大大小小的“偶发”事件和问题，这就给教学造成一定困难。因而，善于运用感官手段就成为教师必备的技能。这里的感官手段主要指视觉和听觉手段。

富有表现力的眼睛往往胜过生动的语言。课堂上充分利用视觉手段，不仅指对教学媒体（如音像）的选择，也指教师通过目光、眼神，运用无声的视觉语言控制课堂的能力。如教师进入教室时，教态端庄，举止大方从容，表情慈爱热情，精神抖擞，用和蔼可亲、信任和期待的目光环视全班，就可以使学生迅速安静下来，并把注意力集中到学习上。学生回答问题时，教师一个期待、赞许和鼓励的眼神，可以使学生倍添信心；而严厉、嗔怪的目光又会使不守纪律或没有完成作业的学生感受到教师无声的批评。这种批评有时比有声的语言更有效。同时，眼睛也是教师观察学生情绪的一个窗口，它帮助教师及时了解和掌握学生的接受情况。若学生愣愣地瞪着眼，而且目光无神，则说明他们听入神了，但还没懂；学生皱眉，说明跟不上教师的进度；学生目光有神，喜形于色，有时还频频点头，则说明他们的理解和接受状态良好，并且思维活跃，希望了解更多的内容。当然，每个学生的情况不同，每个人的表情和姿态往往也具有不同含意，这就需要教师加深对每个学生的了解。因此，教师必须具备敏锐的观察力，善于进行课堂观察，善于随机应变。

教师善于运用听觉手段，既可以及时发现学生语言方面的不足（如语音、语调问题、拼读问题、词形变化不确切问题等），还可以由此判断学生对知识的掌握水平。有的学生回答问题声音洪亮，态度坚定，表明他对某答案有疑义或坚信自己看法的正确性。而有些学生虽然勇于举手发言，但往往虎头蛇尾，越靠近句尾、词尾，声音越低，越含糊其辞，这说明他们有学习的积极性，但知之不确。有的学生不愿举手，但常常在下面小声嘀咕，这可能是他们想发言的勇气不足。还有的学生喜欢随声附和，声音不小，但语气不坚定，这表明他们可能在滥竽充数。当学生的声音有所降低，语调显得懒洋洋时，说明学生可能觉得教师所提问题过于简单，激发不起兴趣，或者由于讲练时间过长，方式过于单调，学生可能已产生厌烦情绪，此时应及时改变讲练方法或主题。

3. 运用注意规律组织教学

知识和技能的教学是一种非常复杂的心理活动。在教学过程中学生若不注意，其思维也就必然脱离教学内容。因此，注意是学生进行学习和掌握知识的基本条件。教师必须善于运用各种手段吸引学生的注意力，并使之保持于教学的全程。

注意分为随意注意和非随意注意。随意注意需要紧张的主观努力，消耗脑能量较多，持续时间过久，脑细胞就会产生抑制现象。非随意注意时间不能持久，会随着特殊刺激性的减弱而消失。所以，教师要保证两种注意的巧妙结合和交错有致，就要善于运用学生的随意注意和非随意注意相互转化的规律来组织教学，使学生在听课过程中两种注意得以巧妙地交替调节，从而保证教学既有行动性，又有节奏性，收到良好效果。

4. 运用“情感”组织教学

“情感”组织教学的目的是创造良好的课堂气氛。既要通过对教学内容的生动形象的描绘，使学生受到感染和熏陶，又要在师生之间创造一个和谐的气氛。这是因为，教师的情感变化往往直接影响到学生的情绪。当学生感到疲劳或因情绪低落而无精打采时，教师振奋的精神、充沛的情感和激昂的语调往往会刺激学生的兴趣，调动起学生的情绪。为此，教师讲课时应态度和蔼、亲切，让学生在一种平静、愉快而活泼的气氛中学习。用“情感”组织教学应贯彻于教学过程的始终，并要根据实际情况，灵活掌握。特别要注意情感变化的节奏，要有张有弛。

5. 组织好一堂课的开始与结尾

（1）开始

要使上课有一个良好的开端，必须一开始就要把学生的不稳定情绪稳定下来，并引导到注意学习上来。为此，可有以下方法：

①用别致的话题组织教学

如利用前言、导语、故事、例子或学生值日报告中涉及的问题开讲。运用上述手段组织课堂教学，一定要与本节课的教学内容有密切联系，或阐明学习目的，或激发学习兴趣，皆需要深思熟虑，认真选择，切不可信手拈来，信口开河，不着边际，因为那样反而会分散学生的注意力，影响或干扰对新内容的学习和掌握。

②用“设问法”组织教学

“学起于思”，学生若在听课中抓不住问题，思维必然是混乱的。讲课前的问题，如果提得准确，巧妙而成功，则必定会迅速吸引学生的注意力，并促其积极思考。设问即设疑，即把讲授内容组成一两个中心问题，以此为中心，联系与之相关的问题，按照一定线索，用自己设问的口气提出，在学生脑子里埋下问号，然后或层层深入，或迂回到问题的中心，激发学生的求知欲望。

③用“举错法”开讲

学生的错误往往是由于知识缺陷造成的。由学生的谬误开讲，能使学生从对比中加深印象，深刻理解，从而避免今后再犯同一错误。

（2）结尾

组织好一堂课的结尾，关键在于：一要按时；二要灵活多样。常见结尾方式有：①总结全篇，深化主题；②巧设悬念，再激新疑；③布置作业，自然结束。

第三节 外语多媒体及信息化教学

一、多媒体教学

（一）多媒体教学的优势

1. 多媒体教学是激发学生兴趣的重要手段

兴趣和爱好是最好的老师。教师若想成功地教好一节课，必须有意识地创设问题情境，紧紧扣住学生的心弦，把学生带入良好的教学氛围中，使他们从尚未萌发兴趣到兴趣盎然，逐步形成强烈的学习动机，直至具有坚毅的探索精神。而创设问题情境的方法之一便是借助多媒体。

2. 多媒体教学可以更形象、方便地突破重难点

心理学家在研究人的记忆率时得到了这样的结论：对同样的学习材料、单用听觉，三小时后能保持所获知识的 60%，三天后下降为 15%；单用视觉，三小时后能保持 70%，三天后降为 40%；如果视觉、听觉并用，三时后能保持 90%，三天后可保持 75%，传统的课堂教学以教师的讲述为主，教师讲、学生听，教师成了课堂教学的主宰，形式单一。多媒体教学成为广大教师崇尚的教学手段，教师在进行多媒体教学课件设计时，充分发挥多媒体技术的优势，灵活运用文字、符号、声音、图形、动画和视频图像等多种媒体信息，从听觉、视觉等方面加大对学生的刺激，促进其对所学知识的理解，综合应用文字、图片、动画和视频等资料来进行教学活动，使一些抽象难懂的知识，在普通条件下难以实现、观察到的过程直观而形象。而应用普通教学手段难以讲清楚，甚至无法讲清楚的知识重点、难点，可以用多媒体课件生动形象地演示，尤其是用图片，动画和视频等就更直观更形象了。生动的演示，活跃了课堂气氛，加深巩固了教学内容，使学生感受到学习的喜悦，寓学于乐。多媒体课件教学不仅实现了直觉思维与逻辑思维的有机结合，还实现了对知识意义的主动建构，这是传统教学模式无法比拟的。

3. 多媒体教学可扩大课堂教学容量，进而提高课堂效率

运用多媒体进行练习时，可以增加训练密度，提高教学效果。在多媒体教学

中，教师摆脱了单纯口授或局限于运用传统媒体进行讲授的方式，改变了传统教学中粉笔加黑板的单一、呆板的表现形式，运用现代视听媒体进行讲授，能将抽象、生涩、陌生的知识直观化、形象化，激发学生学习兴趣，充分发挥了现代教学媒体形象、生动、动态、直观、信息量大的特点，使课堂内容丰富起来，课堂教学手段多样化，显著地提高了课堂效率，调动起学生主动学习的积极性。

4. 多媒体教学的应用，可以提高教师的综合素质

在外语教学中，多媒体教学的应用被视为一种强大的教学工具，有助于提高教师的综合素质。首先，多媒体教学可以帮助教师提高教学效率。通过利用多媒体资源，如图像、视频和音频等，教师可以更直观地向学生展示语言环境和文化背景，从而使学习内容更加生动形象，提高学生的学习兴趣和主动参与度。其次，多媒体教学还可以促进教师的专业发展。通过不断研究、使用和创新多媒体教学手段，教师可以提升自己的教学技能和方法，拓展教学视野，增强自身的教学魅力和竞争力。此外，多媒体教学还能够培养教师的创新意识和解决问题的能力。面对复杂多变的教学环境和学生需求，教师需要不断尝试和探索新的教学方式和手段，以更好地满足学生的学习需求和提升教学效果。因此，多媒体教学的应用不仅可以提高教师的教学水平和综合素质，还可以推动外语教育的不断创新和发展。

5. 多媒体教学有利于实现资源共享，从而全面提高教学质量

首先，多媒体教学可以通过利用数字化资源，如图像、视频、音频和网络资源等，使得教学内容更加生动丰富。教师可以通过多媒体展示丰富多样的语言环境和文化背景，帮助学生更直观地理解和掌握外语知识，激发学生学习兴趣，提高学习效果。其次，多媒体教学还可以促进教师之间的资源共享与合作。在数字化时代，各类优质教学资源和教学工具层出不穷，教师可以通过共享自己制作或发现的优秀多媒体教学资源，相互借鉴经验和教学方法，共同提高教学质量。同时，多媒体教学资源也为教师提供了丰富的教学素材和案例，可以帮助教师更好地设计和实施教学活动，满足不同学生的学习需求。此外，多媒体教学还可以打破时空限制，实现跨地域、跨学科的资源共享。教师可以通过网络平台和远程教学技术，与全球范围内的其他教师进行教学资源交流和合作，获取更广泛、更优质的教学资源，提升自身的教学水平和专业素养。总之，多媒体教学的应用有利于实

现资源共享，促进教师之间的合作与交流，为提高外语教学质量提供了有力支持。

（二）多媒体教学的使用

1. 依据教学目标的需要和教学实际情况，恰当运用

外语教学中是否选择运用多媒体手段，要根据教学目标的需要和教学内容的安排来确定。在具体运用过程中，要把握好“度”，适量、适当运用。

2. 发挥多媒体在外语教学中的辅助作用，不可喧宾夺主

多媒体技术作为一种教学手段，作为外语教学的一种形式，是为外语教学内容服务的，教学形式不可以代替内容，更不可以无视教学内容而独立存在。因此，外语教学中多媒体技术的使用，一定要为教学服务，或者引起兴趣，或者渲染气氛，或者激发情感，或者突出重点。

3. 多媒体教学手段与传统教学手段应配合使用相得益彰

外语教师要善于将多媒体技术与传统教学手段相结合，根据教学目标的需要，在适当的地方灵活、合理地使用多媒体，使外语教学与多媒体技术有机整合，相得益彰，这样才可以更好地发挥多媒体教学的优势，达到理想的教学效果。

二、信息化教学设计

信息化教学设计是指在信息化环境中所进行的教学设计，就是运用系统方法，以学为中心，充分利用现代信息技术和信息资源，科学地安排教学过程的各个环节和要素，以实现教学过程的优化。应用信息技术构建信息化环境，获取、利用信息资源，支持学生的自主探究学习，培养学生的信息素养，提高学生的学习兴趣，从而优化教学效果。

（一）信息化教学设计的基本原则

信息化环境下的教学设计更加重视学习者的主体作用，通过各种新颖的学习方式，充分利用信息技术和信息资源，科学地安排教学过程中的各个要素，为学习者提供良好的信息化学习条件。信息化教学设计的基本原则可以归纳为以下几点。

1. 把学习者自主学习能力的培养放在首位

未来教育的一个显著特征之一就是发展学习者的主体性、主动性。认知建构主义认为，自主性学习实际上是认知监控的学习，是学习者根据自己的学习能力、

学习任务的要求，积极主动地调整自己的学习策略和努力方向的过程。在信息化教学中教师不再是简单的信息传递者，教师的职责变为通过指导学习者获得、解释、组织和转换大量的信息来促进学习，以解决实际工作、学习和生活中的问题。在这种模式中，学习者在学习时的各项具体活动中发挥主动性，积极参与、乐于探究、勇于实验、勤于思考。学习者承担着自我学习的责任，通过协同作业、自主探索的方式进行主动的知识建构在信息化教学模式中。我们只有加强自主性学习能力，才能在当今“信息爆炸”的时代实现自我可持续发展。

2. 充分设计、利用各种信息资源来支持学习

为了支持学习者的主动探索和完成意义建构，在学习过程中要为学习者提供各种信息资源（包括各种类型的教学媒体和教学资料），但是必须明确，这里利用这些媒体和资料并非用于辅助教师的讲解和演示，而是用于支持学生的自主学习和协作式探索。

3. 以“任务驱动”和“问题解决”作为学习和研究活动的主线

信息化教学设计认为，学习总是与一定的社会文化背景即“情境”相联系的。在实际情境下进行学习，可以使学习者能利用自己原有认知结构中的有关经验去同化当前学习到的新知识，从而赋予新知识以某种意义。如果原有经验不能同化新知识，则要引起“顺应”过程，即对原有认知结构进行改造与重组。总之，通过“同化”与“顺应”才能达到对新知识意义的构建。在传统的课堂讲授中，由于不能提供实际情境所具有的生动性、丰富性，因而将使学习者对知识的意义构建发生困难。

4. 强调“协作”

信息化教学设计认为，学习者与周围环境的交互作用，对于学习内容的理解（即对知识意义的构建）起着关键性的作用。学生们在教师的组织和引导下一起讨论和交流，共同建立起学习群体并成为其中的一员。在这样的群体中，共同批判地考察各种理论、观点、信仰和假说，再进行协商和辩论，首先是内部协商（即和自身争辩到底哪一种观点正确），然后再相互协商（即对当前问题摆出各自的看法、论据及有关材料并对别人的观点做出分析和评论）。

这种协作学习不仅指学生之间、师生之间的协作，也包括教师之间的协作，如实施跨年级和跨学科的英语资源的学习等。通过这样的协作学习环境，学习者

群体（包括教师和每位学生）的思维与智慧就可以被整个群体所共享，即整个学习群体共同完成对所学知识的意义建构，而不是其中的某一位或某几位学生完成意义建构。

5. 强调科学的学习评价指标体系和评价方法的设计

为了适应信息化教学设计的要求。除了对传统的评价方法如测验、调查、观察等在保持原有优势的基础上进行改造外，信息化教学评价需要发展一些新的评价方法如量规、学习契约、范例展示、电子学档、概念图、评估表等。新的评价方法有很多共同的特征，过程与结果一样重要，评价是和教学活动结合在一起的，想方设法为学生们提供机会，对多方面的学习过程和结果进行评价。

（二）信息化教学设计过程模式

信息化教学设计以问题（或项目、案例、分歧）为核心，建立学习“定向点”，然后围绕这个“定向点”，通过设计“学习情景”“学习资源”“学习策略”“认知工具”“管理和帮助”而展开，他们共同服务于由教学目标、学习者、学习内容而决定的学习任务（问题、案例、项目、分歧）这一核心。结束部分的学习效果形成性评价也是设计过程的重要环节，它是修改的基础，是教学设计成果趋向完善的调控环节。

1. 分析教学目标

基于建构主义的信息化教学设计中，分析教学目标是为了确定学生学习的主题即与基本概念、基本原理、基本方法或基本过程有关的知识内容。分析教学目标首先要考虑学习者这一主体。教学目标不是设计者或教学者施加给学习过程的，而是从学习者的学习过程中提取出来的。

在以建构主义理论指导教学设计时，还要考虑教学目标的确定，避免陷入非理性主义的陷阱。但同时也应注意避免将教学目标简单化的倾向，不能采用传统的行为方式的教学目标。教学目标的编写应有一定的弹性、可变化性，如采用认知目标分类的层次来标识（掌握……理解……）。另外，建构主义强调知识的情景性、整体性，强调知识应在真实任务的大环境中展现，学生通过探索真实的任务达到学习的目的，所以在编写教学目标时，应该避免传统教学目标分析过度抽象、过分细化、过分分散、过分单调的逻辑关系，而应该采用一种整体性的教学目标编写方法。

建构主义教学设计这种重整体、轻细化的教学目标的编写方式，是不是意味着传统的教学目标分析方法（如归类分析法、解释结构模型法等）就没有用了呢？并非如此，建构主义强调要在真实情景与学习环境中体现学习知识，对所学知识结构的详细分析，将有助于设计更合理的真实任务与真实的学习环境，减少非学习范围的错误探索、提高学习效率。

在进行教学目标分析时，首先要区分学习目标与教学目标，允许不同学习者之间的多重目标。其次，分析教学目标还应尊重学习主题本身内在体系特征。学习主题是由各级知识点组成的，知识点之间的关系有两类，上下位关系、并列关系。这样总体上学习的主题就呈现了多层次的网状结构，这种结构是分析教学目标的主要依据之一。

2. 学习者特征分析

以学为主的教学设计中，学生是学习的主体，是意义的主动建构者。从哲学角度看学习者是内因，外界影响是外因，内因是事物发展变化的决定因素，外因通过内因起作用。这就可以解释为什么在同一课堂中，教师实施同一教学，但不同学生的学习结果却存在较大差异。学习者特征分析涉及智力因素和非智力因素两个方面。与智力因素有关的特征主要包括知识基础、认知能力和认知结构变量；非智力因素有关的特征则包括兴趣、动机、情感、意志和性格。

对于学习者的分析，主要目的是设计适合学生能力与知识水平的学习问题，提供适合的帮助和指导。设计适合学生个性的情景问题与学习资源。

确定学习者的知识基础一般采用“分类测定法”或“二叉树探索法”。学习者的认知能力可以按照“教育目标分类”理论分为六个等级，即识记、理解、应用、分析、综合、评价。在教学实践中，一般采用逼近法来测量学习者的认知能力。认知结构是指个体观念的全部内容与组织。它是影响新的意义学习与保持的关键因素，决定着学习者进行意义建构成功与否的关键。认知结构变量有三，认知结构的“可利用性”“可分辨性”“稳定性”，它们分别是指旧知识中对新知识的吸收有一定作用的观念；新旧观念的异同点；起吸收、固定作用的原有观点的稳定性。在实践中利用知识点之间的关系进行分析，尤其注意兼顾学习者之间的个别差异。

3. 学习内容特征分析

学习内容是教学目标的知识载体，教学目标要通过一系列的教学内容才能体现出来。建构主义强调学习要解决真实环境下的任务。在解决真实任务中达到学习的目的，但真实的任务是否会体现教学目标，如何来体现。这需要我们对学习内容做深入分析，明确所需要学习的知识内容、知识内容的结构关系、知识内容的类型（陈述性、程序性、策略性知识），这样，在设计学习问题（任务）时，才能很好地涵盖教学目标所定义的知识体系，才能根据不同的知识类型，嵌入建构主义环境中的不同要素中。

4. 设计学习任务

提出学习任务。是整个基于建构主义的信息化教学设计模式的核心和重点。它为学习者提供了明确的目标、任务，其他辅助设计使得任务更加明确具体，使得学习者解决问题成为现实的可能，使得学习者在解决问题过程中，确实能够达到教学目标的要求。学习任务是指对学习者要完成的具体学习活动的目标、内容、形式、操作流程和结果的描述。学习任务可以是一个问题、案例、项目或是观点分歧，他们都代表连续性的复杂问题，能够在学习的时间和空间维度上展开，均要求采用主动的、建构的、真实的情景下的学习。构建学习任务时，应充分考虑如下原则。

（1）“任务”设计要有明确的目标要求

教师要在学习总体目标的框架上，把总目标细分成一个个的小目标，在教学目标分析的基础之上提出一系列的问题。这类问题可分为主问题和子问题，子问题的解决是主问题解决的充分条件。同理下层子问题的解决是上层子问题解决的充分条件，这样就形成一个树状谱系图，为学生解决问题提供不同的路径。

学习任务要涵盖教学目标所定义的知识，只能更加复杂，不能更简单。任务的活动内容应能引发学习者高级思维活动。学习任务陈述时应该使学生明确任务所要达到的目标以及完成任务的一些基本要求。

（2）“任务”的解决要具有可操作性

信息化课堂是实践性非常强的学习。对于知识与能力的培养，实际问题的解决，学生亲自动手实践远比听老师讲、看老师示范要有效得多。教师创设了问题的真实情景，学生不仅要能发现问题，还要努力通过实践去把握真知、掌握方法。

因此，教师在设计学习任务时，要注意让学生能够通过自己的实践解决问题，要将大问题、大任务进行分解，以便于学生能够通过解决一个个子问题、完成一个个子任务，以逐步解决大问题、完成大任务。

（3）“任务”设计要符合学生特点

设计学习任务要符合学习者的特征，要在学生的最临近发展区，不能超越学习者知识能力太多。主要表现为：

①“问题”设计时要注意学生特点、知识接受能力的差异。不同年龄段的学生，甚至同一年龄段的学生，他们接受知识的能力往往会有很大的差异。教师进行“问题”设计时，要从学生实际出发，充分考虑学生现有的文化知识、认知能力、年龄、兴趣等特点，遵循由浅入深、由表及里、循序渐进等原则。对于新内容或一些有难度的“问题”，教师最好能提供一些启发性的方法或学习资源，便于学生自主学习。实践证明，学生在完成一个与他们的实际生活以及学习密切相关而且比较有趣的“问题”时，他们会非常专心致志，乐此不疲。

②“问题”设计要注意分散重点、难点。学科知识和实践技能是一个逐步积累的过程。“任务”设计时要考虑“任务”的大小、知识点的含量、前后的联系等多方面的因素。一般说来，每个“任务”中涉及的知识点不宜过多。最好不要有两个以上的重点、难点、过多会增加学生学习的难度。“任务”的规模宜小不宜大，规模过大，会偏离“任务驱动”的本意。前后“任务”之间能有一定的联系是比较理想的，但不要强求，否则也会加大难度。任务是手段，便于学生学习、掌握有关的知识、思想和方法，只有学习和掌握了这些才是“任务驱动”的目的。一般不提倡设计一个统领全局的“任务”，而是要注意由点到面，逐步介绍各知识点。一开始先让学生有所了解。经过一段时间的熟悉以及相关知识的积累后，再深入理解，然后适时地加以概括和总结。让学生对知识的理解、认识、运用有一个逐步深入的“螺旋式”上升过程。

③尽力体现以“学生为中心、教师为主导”的教学策略。传统教学模式的主体是教师，教学时往往是教师讲学生听，学生被动地接受学习，这非常不利于调动学生的积极性。在建构主义教学理论指导下的“任务驱动”教学法，要求师生改变传统的观念和角色。学生在学习中起主导作用，教师在教学中起组织、引导、促进、控制、咨询的作用。强调学生的主体性，要求充分发挥学生在学习过程中

的主动性、积极性和创造性。学生被看作知识建构过程的积极参与者，学习的许多目标和任务都要学生主动、有目的地获取学习材料来实现。在信息技术与课程整合教学中，学生在教师的组织、引导下，用不同的方法完成活动“任务”，在这个过程中，学生的知识、思维、技能和情感得到锻炼和熏陶。因此。教师进行“任务”设计时，要以“学生为中心”，设身处地地为学生着想。

（4）“任务”设计要注重渗透方法，培养学生能力

在“任务”设计时。要注意引导学生从各个方向去解决问题，用多种方法来解决同一个问题。教学中让学生完成的“任务”，要注重讲清思路，理清来龙去脉，在不知不觉中渗透处理问题的基本方法。让学生在掌握了基本方法后，能够触类旁通，举一反三，开阔思路，增加完成类似“任务”的能力，提高自主学习能力，能够尽可能多地产生学习迁移。同时，很多学生喜欢独立地获取知识，“任务”设计要注意留给学生一定的独立思考、探索和自我开拓的余地，培养学生用探索式学习方法去获取知识与技能的能力。

（5）“任务”设计要注意个别学习与协作学习的统一

教师进行“任务”设计时，要注意以适当的比例分别设计出适合个别学习和协作学习的“任务”。对于个别学习的“任务”，让学生采用不同的方法、工具来独立完成，培养学生的独立自主能力。对于协作学习的“任务”，则要求由多个学生组成的学习小组协作完成。

（6）要设计开放的、非良构的问题

要设计非良构的问题，非良构的问题要具有无显示目标和限制条件；有多解、多解法或者无解；有多种评判答案的标准；问题的概念理论基础的必要性及其组织具有不确定性等特征。

要设计开放性的问题，解决问题的目的不是期望学习一定就能给出完美的答案，而是鼓励学生参与，使其了解这个领域。

总之，教师进行“任务”设计时，要仔细推敲每个知识点、统筹兼顾、为学生设计、构造出一系列典型的操作性“任务”，让学生在完成“任务”中掌握知识、技能与方法。

第四章　外语教学与语言思维

第一节　语言思维综述

一、语言与思维

（一）语言和思维的含义

从现代唯物主义和进化论的观点来看，语言和思维的含义如下：语言是人类特有的一种符号系统；思维，即人脑对客观现实的反映过程。具体地说，它是在表象、概念基础上进行分析、综合、判断、推理等认识活动的过程。它是人类特有的一种精神活动，是从社会实践中产生的。一方面，语言是人类思维依存及其交流的工具。这个观点可以追溯到柏拉图时代，众所周知，通过语言可以了解思维。另一方面，思维又支配着语言。没有思维就没有交际，语言就失去了意义。语言和思维两者相互作用、相互发展、关系密切。

（二）语言与思维的关系

1. 思维能力先于语言

人类在产生语言之前，思维能力的发展已经处于萌芽阶段，这是人类劳动的结果。根据重演律，某种程度上来说婴儿从出生到开口说话的过程就是人类产生语言的过程的缩影，因此从儿童的语言发展可以窥见整个人类的语言发展。婴儿在“沉默期”阶段已经具备了一定的感官能力，虽然他们没有开口说话，但是他们在“听”，并且他们通过“听”对可理解性的语言输入进行加工和整理，这说明他们已经处于思维能力发展的最初阶段。人的大脑中虽然有与生俱来的语言机制,但是为什么不是从一出生就能够开口说话,那是因为婴儿的大脑还未分化完全。

由此可见，有语言就一定有思维能力；但值得注意的是，有思维能力不见得有语言。思维能力是语言的必要不充分条件，也就是说对于正常儿童无论其是哪族人，也无论他们出生后是否在本族语言环境下生活、即无论他们的第一语言是不是本族语，他们的思维能力都是从无到有、从弱到强、从简单到复杂。而对于聋哑人，他们也会形成思维能力，但是由于其听不到而导致不能对声音进行监控的客观因素存在，他们不能产生有声语言，但这不妨碍他们的肢体语言发展；而且如果他们通过治疗，一旦恢复听力，他们就有能力进行有声语言学习、进而开口说话。

2. 语言决定语言思维方式

思维能力强调的是一种能力，这种能力为人类所共有，各民族相同，而在思维方式上面各民族却存在着明显差异。这就好比，所有的动物为了维持生存繁衍，都具备捕食的本能和能力，但它们获得食物的方法却不尽相同。可以说，语言思维方式是思维能力的具体体现，思维能力的发展过程也是语言思维方式的确定过程。

二、新角度下的语言与思维关系

（一）思维对语言起主导能动性作用

语言主要是一种用于表达可交流的思想的语言符号系统。这就意味着，交流思想、传递愿望、透露意图是人类产生语言和运用语言的最主要目的。如果人类自身没有表达思维活动内容的诉求和渴望，则根本不需要语言。人们相互之间了解或表达彼此的思想、情绪和心愿时，需要借助一组特定的语言符号系统使这些大脑中内部的思维活动即思想内容具体化与实在化，这就是所谓的“语言是思想的直接现实”。在整个认知过程中，思维起着主导能动性作用，人如果要将自身思维能动活动的意念结果表达出来，就必须从大脑储备的语料库中选择适当的语言符号，借助口腔、声带等物理器官，给思维中想要表达的概念穿上语言的物质外衣。语言是一种思维表达的技巧，一种信息传递的最主要的工具，一种输送大脑思维活动内容的载体，也是一种辅助思维能动意愿产生实在化效果的手段方式，即语言所表达出来的内容和形式由思维的内容和形式所决定。人们创造新词汇也是思维对语言作用的表现，以英语为例，合成构词法就具有“语言临摹法”的风貌，其基本观点是：句子或词语的顺序与思维的顺序是相对应的。

（二）语言促进思维的发展

语言的训练能够加速认知的发展。语言具体化、实在化、符号化的特征决定了它在思维活动中发挥着清晰化和条理化的作用，它能够使抽象的思想更明确和形象。于是，语言可以归纳和确认人们在相互交流思想和经验中所产生的抽象概念，使之成为可以捉摸、可以利用的表象化和真实化的认识形式，从而为社会服务。语言作为交流思想的重要工具不但可以表达个人的思想成果，并使它成为集体智慧，而且可以代代相传，代代积累，不断丰富，不断发展。

词语的出现是人类思维的具体构筑和融合实现，因为真正美丽多彩的新思想新触感往往在脑中闪现于一瞬之间，你可以意识到它真切存在，却未必用语言捕捉得住思维灵感的奥秘和精华，与之相应的语言形式就似乎显得单薄、简单而无力了。在艺术家眼中，艺术构思其中蕴含的大量内心生动逼真的思维活动是人无法用言语一一描述与呈现的。画家在动笔临摹一幅眼前的山水画境时，并不是用语言参与加工勾勒这样的景象，而是在脑海中用一系列生动形象的画面构思来体现自己意识感观中的美感和印迹。正是因为艺术家们所具有的丰富的想象力、敏锐的洞察力和非凡的创造力，才使得艺术作品的表现力可以无须语言的介入便达到出神入化的艺术效果。同样的道理，音乐、舞蹈等其他艺术形式是用形象的音符节奏和身体动作来抒发情感和表现思想。

传统理论认为，思维的产生离不开语言的介入和辅助，没有语言的实现就无法进行思维活动。思维生成的入口和表达的出口都是语言物质，语言工具必然先于思维而存在。这类观点否定了人类思维其主观能动性的作用和效果。应该看到，语言在思维需要明确、清晰、条理性表达的时候，具有铺垫和整理思路的作用，是思维最终成为可传输性和可理解性规约符号的必然阶段和手段途径，即“语言是思想的直接现实”。在人的整个认识活动中，思维占据主导作用，具有主动权，当思维要表达的概念和信息要通过口腔、音带等物理器官呈现出来的时候，语言的物质媒介才会发挥不可缺少的辅助性工具作用。语言的职能就是使思想明确化和实在化。

第二节　外语教学与语言思维关系

一、外语思维与外语教学

英语属于印欧语系，是音素文字，其字形表音不表义。由于声音不同于图像，不能够形象化（象声词除外），其词义本身与字形没有直接的意义联系。这就需要对这门语言的形成一套抽象的概念，产生联想，组成画面，才能清楚地表达意思。因此重抽象思维是外国人的思维习惯，继而又表现为国外文字的一大特点。外语思维是指随时随地都能用简洁的外语，流利纯正地表达头脑中的所思所想。任何外语学习者都需要明白，学习外语一定要知道如何用外语进行思维。因此，培养英语学习者其英语思维的能力就成了英语教师的重要职责之一。

（一）英语思维与英语语言的关系

在中国，英语是大多数学生的第二习得语言。英语教师若要讲清英语和汉语之间的区别，要求学生用“英语思维”，实在不是一件那么容易的事儿。让学生像使用母语那样使用英语，并用纯正、流利的英语去表达自己的所思所想，形成本能的条件反射是很有一定难度的。因此，首先应让学生知道英语语言与英语思维到底有什么关系。英语语言与英语思维是密不可分的，英语思维的外壳是英语语言，英语语言是英语思维最适宜的刺激物，英语思维的结果主要是用英语语言来记载和交流的。英语思维创造英语语言，反之英语语言可固定英语思维方式，并帮助强化英语思维。英语语言是交流思想的工具，也是英语思维的主要表现形式。

（二）培养英语思维的途径

外语思维的培养只能是一个循序渐进的过程。对此，最佳方式就是“浸入式学习语言”的教育方式，也就是让学生长时间置于一个真实的自然语境中，帮助学生用外语思维进行外语语言学习。也可让学生用目的语去学习专业基础课和专业课，最有效的方法如下（以英语学习为例）：

第一，通过观看英语电视剧（英剧、美剧等）学习对话、模拟对话。随着多媒体技术、网络技术等在英语课堂上的深入应用，在课堂上观看原汁原味的英语电视剧片段成为可能。因此，在英语课上，学生置身于真实的语言环境中，随着电视剧情节展开英语听力的学习，这种身临其境的场景对话，可让学生真正实现与英语语言零距离的接触。

第二，英语歌曲、诗歌等作品也都是英语语言中的文字精华，其中荟萃了英语语言中最具英语思维的词汇，这些词汇是从很多大众英语语言里提炼出来的，包含着很多寓意。这些作品言简意赅地在音律和韵律的陪衬下表达着不同的思想感情。学生可通过吟唱和朗诵来陶冶情操，享受音律中英语语言的博大精深以及意境的高深莫测。此时的英语成了很多歌曲、诗歌其作者思维形式的再现，这种英语语言思维会对学生的思维起到很好的示范与启发作用。

第三，用英语播报新闻也是英语语言最精华、最正式的实例运用。新闻的作者反馈出的英语思维非常正式，让学生像播音员一样朗诵各种英语新闻，无形中对学生的英语思维起着重要的强化作用。这种方式集声音、词汇、消息于一体，学生在不断的播音实践中一定会对英语语言与其思维有更深入的认识。

（三）在外语教学中外语思维的使用给学生带来的益处

学生因为在各自成长中生活环境的不同，他们思考问题的角度也会有所不同。在课堂教学中，外语教师一定要鼓励学生多用外语思维，再慢慢地把这种思维演化为学生的一种创造性思维；教师应该利用一切可能的场所来培养学生的这种创造性思维能力。并且教师还应在课堂上鼓励学生敢于提出奇特的问题，对学生提出的各种问题乐于接纳并帮助其解答。于是学生成了语言的冒险家，在不断的探险中提升了自身的创造性思维能力。

学生正确运用迁移规律的能力加强了他们在中文语言环境中生活的习惯，外语教师要想方设法帮助学生转化为用外语思维，这就要求外语教师巧妙地利用迁移规律来启发学生的思维。这里指的是语言迁移，即在第一语言习得环境中所获得的知识向第二语言学习迁移。在外语语言学习过程中，学生已掌握的汉语知识时时在起作用，某种程度上影响了外语语言的学习，这种影响就是“语言迁移”带来的。迁移现象与外语思维的概括过程有着十分密切的关系，弄清了这些关系，学生利用语言迁移规律的能力就会有所加强。

思维定式是人们在认识和评价客观事物时的一种特殊心理状态。定式的产生往往是人们惯用某种方法去解决一系列相似问题而造成的，也就是习惯于用一种固定思路去考虑问题。外语教师应采用灵活多变的教学方法、教学手段，让学生采用有效的方式来排除思维定式的消极影响。否则的话，就会出现我们所说的外语目的语国家的人听不太懂的情况。尽管有的学生外语卷面分数很高，却无法自如流畅地用外语与目的语国家的人交流。学外语就要多用外语思维，这样母语的思维定式对外语语言的学习所带来的消极影响也会慢慢有所减少。

二、在外语教学中语言与文化的关系

语言是一种社会现象，不能离开文化而存在。语言和文化相互作用、相互影响。任何语言都是用以表达其背后潜藏着的文化。因此，在外语教学中，教师应帮助学生了解目的语国家其地理、历史、风俗、社会等文化背景知识，来帮助学生学习并正确地使用外语。

（一）语言与文化

语言是文化的凝聚体，是文化总体的重要组成部分之一，一切文化的产生都离不开语言的作用。同时，任何语言的存在和发展都离不开其赖以生存的社会文化环境，社会文化在很大程度上影响着语言的产生与发展并制约着语言使用者的思维。

（二）文化对外语教学的启示

为了提高外语学习者的跨文化交际能力，在外语教学中应该加入文化教学，下面以英语学习为例来继续展开说明。

从语言的结构看，英语中包含大量的俗语、谚语、俚语等蕴涵着丰富文化信息的表达法，具有浓烈的民族特色和地域色彩。中国学生缺乏使用英语的语言环境，对语言的社会文化信息大部分只能主要通过课堂来获取。如果在英语课堂学习中只注重词汇、语法等知识，学生就更加难以了解和理解英语语言的含义。因此，在教学中要想让学习者了解文化知识，教师应注意做好以下几个方面：

1. 提高学生的跨文化知识

教师作为知识的传授者应该在教学过程中适当地插入文化图片、录像等以帮助学生更好地了解教材里的内容。

2. 尽可能扩大学生的阅读面

可以让学生阅读一些有关目的语民族风俗习惯、历史文化、社会文化如外国的节日和活动等的阅读材料，让学生更多地了解国外的社会文化；或者欣赏经典的英美影视作品等等。这样学生既可以轻松地积累英美社会文化知识，也可以在不知不觉中潜移默化地提高学习动机。

3. 鼓励学生参与各种英语活动

学习语言的最终目的就是进行交际，只有通过广泛的语言交流和实践才能流畅自如准确运用语言进行交际。多鼓励学生参与到各种英语活动中去，也是一种不可少的方式。

所以，对于语言学习者而言，学习和运用目的语就必须了解与之的文化，学习语言同学习文化密不可分。所以，外语教师在教学中不能一味地强调语言知识，同时也要注重其社会文化背景知识的传授，以帮助学生扫除文化上的障碍。

第三节　外语教学中语言思维的训练及培养

一、外语教学中的语言思维培养

中西方语言思维方式存在着巨大差异，以英语教学为例，汉语思维是阻碍中国学生英语综合水平提高的一个主要因素。对于中国学生而言，要想排除汉语思维对英语运用过程的干扰，逐渐建立起英语思维模式，使用起英语得心应手，就需要增强英汉语言思维方式的差异意识，加强形合（英语语言特点）与意合（汉语语言特点）之间的转换训练，逐步养成良好的英语思维习惯。

思维和语言相互影响，相互作用。一方面，语言是思维的主要载体，也是思维的主要表现形式；另一方面，语言思维方式制约着语言结构，影响言语和行文的遣词造句以及布局谋篇。思维又和文化密切相关，不同文化背景的人会有不同的语言思维方式和行为习惯。英汉两个民族有着相异的政治、经济、地域、习俗等文化背景，因而他们的思维模式存在着不小的差异。在学习一门新的语言时，母语思维自然而然会迁移到所学的新语言中。

二、批判性思维能力的培养

批判性思维经历了长时期的发展，但将其作为一项教育培养目标则是近几十年开始的。

（一）从单纯批判性思维训练到跨学科融入

第一，单纯的批判性思维课程。采用此类课程设置，具体课程名称繁多，如批判推理、批判性思维等。以论证的辨识—图解—重构—分析—评估为主要内容，不包括任何形式论证法。

第二，包含批判性思维的逻辑课程。因在批判性思维推理过程中很多时候要用到逻辑思维，因此此类课程在培养学生的批判性思维时将逻辑教学当成一种培养手段。

第三，将批判性思维技能与学科教学相结合。教学是教师的教与学生的学相结合的过程，这更是一种互动过程。学生应发挥其主观能动性，积极、批判性地进行思考，形成批判性思维的习惯。

（二）从学术研究理论化到国家教育制度化

作为一项具有全国影响力的教育行为，美国各领域的专家对批判性思维进行了跨学科研究，因此全国性批判性思维教育和专门研究组织不断涌现。目前主要有批判性思维研究中心、批判性思维基金会、批判性思维国家高层理事会等。它们分别从科研、资金和制度方面保证了美国批判性思维的科学研究和教育实践。

（三）批判性思维能力的培养对我国的经验启示

批判性思维的发展为我国的人才培养也起到了很好的借鉴作用：

1. 重新思考我国高等教育人才的培养目标

我国高等教育实现大众化，规模跃居世界前列，但我国在科研上所取得的成绩却没有随之上升。相反，在大量扩招后，由于人均教育资源下降，教学管理水平跟不上，学生的素质出现下降，导致整体教育质量下滑。因此如何提高高等教育质量和学生的综合素质显得尤为迫切。批判性思维作为“元思维”，对学生的综合素质提高有着重要作用。它不仅能促进创新人才的培养，更能为其适应瞬息万变的社会提供方法指导和智力支持。

2. 重视批判性思维的研究

不同学科的研究不仅能促进学科融合，也是产生新理论的必然条件。具体说来我国可从以下几方面为之努力：首先，形成批判性思维研究的学术氛围。只有对批判性思维的重要性取得了一致认同，才会有更深入的研究；其次，重视理论研究，只有理论发展了才能为我国的批判性思维教育与实践做出指导；最后，培养进行批判性思维研究的专业组织。信息社会中，科学研究的一个重要前提是对前沿信息的掌握。专业组织间的定期交流和信息共享将加速批判性思维的发展。

第四节　语言思维对外语教学的影响

一、中西方语言思维模式对外语教学的影响

（一）整体思维与解析思维

中国文化注重集体观念，往往将整体置于个体之上。受这些传统思想的影响，中国人大多数都是整体思维者，即进行思维时往往从整体出发，先整体后局部。相反，英美人的语言思维方式却以解析式思维为主导，看问题习惯于先局部后整体，即以各个局部为出发点，最后把这些局部再组合为一个整体。例如，在时间、地点、组织系统、人物介绍等的排列顺序中，汉语都是遵循先整体后部分的模式，而英语则相反。“中国武汉”变成了“Wuhan China”，而“这个工厂有三百多工人”（从整体到局部）在英语中则被说成“There are over three hundred workers in the factory.”（从局部到整体）。可见，语言上的差异实质上是由两种语言思维方式的差异所造成的。教师可以从中西方语言思维模式差异的角度来对学生加以指导，使学生不仅仅停留在模仿目的语的层次，而是从根源上理解目的语的语言现象，做到知其然更知其所以然。

（二）螺旋型思维与直线型思维

中国人在写文章时有一个大概的模式，即文章习惯于从很远的相关外围问题入手，陈述观点的手法委婉曲折。这让很多英语本族人士摸不着头脑，不知道作者到底主要想说什么。总体来说，汉语思维式的文章呈螺旋型发展，从文章主题

的切入，到事实、材料的铺垫，再到论点画龙点睛式的明确，都似乎在不停地兜圈子。再加上在论述上中国人讲究含蓄、委婉以避免过于强烈地将自己的论点强加于别人，这往往让非本族语人士感觉作者思路不清，论点不鲜明，论述缺乏条理性及逻辑的推理性等等。

相反，英语本族人士习惯于在文章的开头就开门见山地点明要旨、明确观点，然后再围绕论点展开论述，整个文章是以一条直线在向前进行。通常，整篇文章中的每一段都会以一个 topic sentence 即主题句开头，段落的其他部分都要为主题句服务，环环相扣，表述清楚直接，论证强劲有力，让人看完后一目了然且对作者的意图、观点了如指掌。

由此我们可以看出，不同的语言思维模式决定了不同的语篇结构。在学生的英语写作技能训练上，教师不仅要帮助他们修改用词及语法方面的错误，还应该从语言思维模式上给予其指导，真正帮助他们提高英语写作水平；在阅读理解、听力理解等其他练习上，教师应该指导学生从主题句入手来掌握篇章的主旨大意及作者的写作意图。

（三）形象思维与抽象思维

中国人擅长形象思维。具体性、直观性、形象性是汉人思维的内核。最早的汉字中很多都是源于图像，即象形字，能够不同程度地体现字义。词语中的“雪白、乌黑、绿油油”等都是形象思维的体现。形象思维不只限于汉语中字、词的层面，在句子、语篇中也是屡见不鲜。然而，国外注重形式逻辑、抽象思维，表现在外国语言模式上的就是以丰满的形态外露。首先，英语的屈折形态变化丰富，如动词的时态、语态、名词的数等。很多学生由于受汉语思维模式的影响，不太考虑这些变化，不由自主地写出无形态约束的句子，如“He get up at 6：30 yesterday morning.”其次，英语句子的结构注重完整，任何句子都必须有一个“主语 + 谓语”的主谓结构（除非是在特定句型比如祈使句等中有所省略），如“下雨了”就必须说成“It’s raining.”在英语阅读理解训练中，一遇到含复合句的复杂长句，很多学生就失去了头绪，不知所云。这归根到底是因为没有从“主语 + 谓语”这个万变不离其宗的语言结构去把握其意思，从一定程度上造成了理解困难。再者，英语注重句子之间的形式逻辑性。汉语中的流水句是绝对不能照搬到英语中去的。

因此，英语教师在教学中不仅要进行常规的语言教学，还要从宏观的思维角度对学生进行引导，使他们注意并了解中西方在语言思维模式上存在的差异，并长此以往地有意识地模仿外国语言思维方式，从而说出、写出地道的英语。

由于语言思维方式决定着语言的表达方式，为了让学生能够输出准确而又地道的目的语句子，教师不仅要传授语言本体知识，还要在教学中涉及目的语的思维模式，使学生能够尽量排除母语思维对他们的干扰，从而在根本上提高他们的外语综合水平。

二、素质教育与外语教学方法改革

（一）素质教育和外语素质教育

素质教育的核心内容主要是使学生的综合素质能得到全面发展和提高。高校每门学科的特点和内容各不相同，因而，每门学科的素质教育其具体内涵也各不相同。以英语教学为例，高校英语素质教育具体应包括以下几方面内容。文化知识方面：使学生英语知识水平和能力以及与其相关的科学文化素养得到全面提高；心理素质方面：在英语教学过程中，加强对学生的心理健康教育，使学生的心理更加健康，积极向上，更有爱国热情等；思想道德方面：在英语课堂教学中，通过思想教育使学生的思想道德品质和道德意识得到更进一步提升；创新意识方面：通过英语课程的学习，发挥学生的积极性和主动性，逐步培养学生的探索精神和创新意识。

（二）改革教学方法，提高学生素质的途径

综观传统教育的弊端，作为新时期的教育工作者，面对新教材和素质教育提出的新要求，我们应该对绝对的传统教育进行反思并改革传统教学方法，探索新的教学理念和教学方式，以全面提高学生的综合素质。以英语教学为例，结合英语语言思维对英语教学的影响，在此略作总结，认为可以从以下几个具体方面来着手：

1. 重视情感教育，提高道德素质

传统教育方式侧重于僵化地对学生进行应试知识的灌输，不重视学生的情感教育，对学生进行道德素质教育的观念淡漠；而情感教育也是素质教育的重要方面和要求。所以，在英语教学中我们教师应该多利用情感，加强对学生进行情感教育，通过情感教育的方式来提高学生道德素质和意识。现行的很多英语教材都

汇聚了中外文化，蕴藏着丰富的情感内涵，可以激发学生情感和情感共鸣的例子比比皆是。因此英语教师在教学中应认真钻研教材，分析教材，把握语言材料中的感情意义，引导学生发现和感受情感，启迪学生与作者、作品、主人翁或教师的感情共鸣，在潜移默化中获得良性的道德教育。使学生在长期的教学活动中逐渐树立道德观念、培养道德行为、形成良好的品质。

2. 在教学环节中注重提高学生的文化科学素养

传统教学主要是以灌输英语知识考点为主，对提高学生相关学科知识和文化素养涉及较少。而随着时代的发展，社会对人才的要求越来越高，对复合型人才的需求量也越来越大。所以，对相关学科知识的了解和掌握对学生来说显得尤为重要。英语作为一门语言，几乎对所有学科的知识都有所涉及，为了顺应时代的要求和步伐，英语教学必须要与科学文化结合起来，拓宽学生对相关学科的知识视野。

3. 深挖教材思想内涵，培养学生心理素质

随着文明的不断进步、社会的不断发展，人类社会的竞争也越来越激烈，良好的心理素质对学生今后的发展一定会起着重要作用，因此培养良好的心理素质也是素质教育中的一项重要环节。英语教材的课文内容中渗透着丰富的思想教育内容，特别是教材中成功人物的榜样作用，对学生心理素质的影响是很大的。教师应深入钻研教材，认真挖掘教材潜在的思想内涵，通过融合、渗透，有目的、有计划地把思想教育寓于英语教学之中。

此外，教师还应发挥学生在课堂上的主体地位，设计各种教学活动，鼓励学生积极参与并或多或少地发表自己的言论和见解；增加学生之间、师生之间的交流，使学生在学习中相互沟通，从心理上增强以后对社会的适应能力。

第五节　语言思维训练对外语教学能力的提升

一、外语阅读理解能力的培养

阅读教学在外语教学中历来比较受重视。在如今的信息时代，更需要人们广泛而有效地进行阅读，在全球化跨文化交际大潮的背景下阅读外文资料的重要

性也就不言而喻了。因而，外语教学对学生外语阅读能力的培养也提出了更高的要求。

外语阅读理解能力的培养需要一个过程，它是通过反复的阅读训练达到大纲规定的能力目标。以英语教学为例，具体讲，就是读懂类似大纲提出的英语国家出版的中等难度的各种材料和文章，了解中心大意，抓住主要论点和情节，根据所读材料进行推理和分析，领会作者的真实意图。在进行阅读训练时，要重视如下几个方面。

（一）阅读理解能力的训练基础在听说

阅读理解能力的训练离不开综合能力的训练。如果听说能力训练扎实，学生语言结构意识强，基本词汇掌握牢固，那么对文章的阅读理解就相对容易不少。例如，如果对英语基本句子结构掌握熟练，当读到英语“The boy Professor Li mentioned never appeared.”和“It is very hard to prepare food children like.”时，马上就会知道它们都是用了省略了关系代词的定语从句的复合句，就无须在句子层次上多做停留。如果基本词汇掌握牢固，当读到一些复合词或衍生词如trafficlight，landowner，wholeness等，则无须查字典就能够猜出其义。口语熟练的学生，由于许多基本句式能脱口而出，在阅读中会因语感强、视域宽而出现“一扫而过”的现象。因此，训练听说能力可以说是训练阅读能力的基础。

（二）要重视阅读技能的三个基本要素

阅读技能的三个基本要素包括词汇、理解和速度。

首先是词汇，阅读理解的主要问题之一在于词汇量。词汇量小就难以扩大阅读，对词汇意义的认识狭窄就难以领会作者的真意。因此，词汇对提高阅读速度和理解程度有着重要的影响。我们都有这样的体会：掌握的词汇越多，阅读的速度就相对越快，理解的程度就相对越深刻。例如一篇文章，如果你对它的所有词汇或绝大多数词汇都熟悉，即使你在语言结构方面存在着一些障碍，也基本上能达到通过阅读而交际的目的。所以，教师还是应该要求学生多记些单词，不要怕记单词，尤其是在听、说、读的上下文语境中记单词以及在交际的过程中自然而然记单词。

其次是理解，“理解”在阅读技能中是最具有决定意义的。要提高阅读理解能力，除了掌握丰富的语言知识外，还要有一般的社会、文化、科技、地理、历史等方面的知识。我们常说的提高阅读理解能力，其中就包括扩大词汇量和拓展这些方方面面的知识。教师在教学中要善于扩大并激活学生这些方面的知识，并有意地给予提高。同时，结合英语语言思维的特点，在阅读中教师还要对以下的阅读技能作出指导。

第一，善于对一篇文章的篇章结构进行分析，找出引言段，正文段和结尾段。在哪里点题？主题思想是什么？如何发展？以什么样的结构形式进行布局谋篇？然后找出各段的主题句，这有助于理解其段落大意。

第二，善于抓住实意词，关键词，转折词语等，把握文章的前后呼应关系及情节联系以综观全文。

第三，找出文章中的代词，判断和推理其指代关系。

第四，任何一种语言都有一词多义现象，英语的一词多义现象更是屡见不鲜。因此，在阅读中不能简单地望文生义，要通过上下文语境及词语的搭配关系和不同的交际情景来判断与推测词语的意义。

第五，对于生词的处理，不要一见到生词就马上查词典，可以通过上下文语境与结构来猜测词义。

第六，最后是速度，阅读的速度是衡量阅读能力的标志之一。在理解的基础上，提高阅读速度是阅读技能训练的一项重要内容。在阅读训练过程中，教师要帮助学生尽量杜绝那些影响阅读速度的做法，如用手指指着词语一个个进行声读、心译、过度复视，逐词阅读，当场立马查阅词典等不良习惯。当然，有时为了准确理解内容，偶尔使用一下词典也是必要的，但是不能字字、句句都当即如此。要帮助学生培养“跳跃式”的阅读方法，逐步扩大“识别间距”。同时，还要使学生养成良好的阅读心理素质，心平气和、主动积极地与作者沟通思想，不带任何心理负担，不急躁、不抱怨。教师还应该使学生清楚地意识到提高外语阅读效率自然也是需要一个过程的，急躁不得，不能一口吃成个胖子。只有这样，假以时日，才能使学生最大限度地提高自己的阅读水平。

除此以外，阅读理解能力的培养也离不开阅读过程中的实践活动。阅读理解是让学生通过阅读实践活动达到理解，而且主要是靠学生自己的实践活动。教师要善于组织活动，恰当选择阅读材料以吸引学生的参与，指导学生有计划、有步骤地进行训练，逐步培养他们的独立阅读能力。

二、阅读理解与学生语言思维能力

（一）培养学生抽象思维能力

培养学生的抽象思维能力主要是培养他们分析、综合、概括的能力和以概念、判断推理为基本形式的能力。思维的深刻性、批判性和创造性都必须以抽象思维能力的发展为基础。

（二）发展学生分析问题的能力

分析过程就是一种思维活动，如对文章中的词语、句子进行分析，结合在文章中的语境来理解词语的本义；分析作者写这句话的意图是什么，这个词语、这句话对内容起了什么作用；分析作者选取了哪些材料，这些材料是如何支撑观点；分析作品中的语言特色和作者情感等。分析过程也是推理、判断的过程。

（三）提高学生归纳概括的能力

归纳和概括是培养学生进行阅读和思维最主要和最基本的能力。学生每天接触到大量的书本知识和语言材料，只有把这些大量的语言材料，加以消化、概括才能起到有效阅读的效果。要在阅读中进行准确归纳概括，教师应指导学生做到：

第一，全面注意材料的各部分内容，弄清内容间的联系与区别，概括出来的内容要包含和覆盖全部意思。

第二，认真阅读文本，看懂内容，抓住重点，理清头绪，准确客观地理解原材料的内容。

第三，透过现象深入探究事物的本质。教师在阅读教学中，要培养学生的归纳概括能力，让学生对文章内容、人物特征、写作手法多进行归纳，并进行概括训练等。

（四）鼓励学生进行批判性思维

提倡学生探究性阅读，敢于质疑和批判。学外语其实有三个层面：一是语言层面；二是文化层面；三是思维模式层面。而一直以来，学生对外语的学习都只是停留在语言层面，而很少涉及到思维层面，尤其是批判性思维。在实际外语教学中，这方面往往被忽略了。教师只注重所讲授的知识是否被学生吸收了，所讲的单词学生是否记住了，而并不特别关心所授知识是否在运用中具有实际价值。而学生只是根据老师的授课进程按部就班地学习，上课做笔记，下课背笔记，从不在心底仔细揣摩过问这些知识或者思考一下教师的授课方式是否有利于自己掌握这门知识，也很少反思一下自己这一阶段的学习成果及如何更有效地学习。外语教师在进行授课时，也要注意去激发学生的思想火花，鼓励他们对不同的观点提出质疑、对认可的观点进行进一步拓展，从而达到对问题更全面深入的理解。

（五）倡导学生进行创造性思维

创造性教学的主要任务是开发学生的潜能。教师不能独占整个教学活动时间，而要结合课程教材内容的特点和学生已有的知识储备及能力水平有效开展形式多样的课堂教学活动，对学生进行开拓思维方式的有效训练。教师要创设问题驱动的教学情景、点拨学习思路，鼓励学生进行自主合作探究性学习，大胆发表独特的见解。培养学生的想象、发现、探索和知识迁移能力，使学生思维的独创性、发散性、广阔性、变通性等都得到有效的训练，使学生了解知识发生、发展、变化的全过程，从而为学生能创造性地解决问题奠定基础。激发学生的创造意识是教学重点，而教学难点在于要让学生理解及掌握不同的思维模式。

总而言之，在外语阅读教学中发展学生多种思维能力既是外语教学的任务之一，也是学生学会学习和进行终身发展的需要。这更是在新课标下师生进行互动、共同成长的体现。

三、语篇分析法有助于提升学生的阅读理解能力

传统的外语阅读教学往往局限于辨认词义，分析词法结构，解释难句，就阅读材料的内容进行提问或做一些阅读理解的练习。这种方式其重点集中在语言的表面结构方面，忽视了利用语篇分析中衔接与连贯手段及语境对文章所提供的主要线索去进行整体理解并弄清其深层语义，结果使学生缺乏熟练的阅读理解能力与独立分析和解决问题的能力。

（一）阅读的概念

阅读是一种积极主动的创造性行为，是读者运用已经具备的语言知识、社会文化背景知识和学习策略，通过对书面文字符号的感知，加工而理解作者的思想和情感的心理过程，是读者通过语篇这一媒介与作者相互作用的交际行为。

（二）阅读的任务

初级和高级阶段的外语阅读教学主要是帮助学生通过阅读来学习外语的语

音、词汇、语法、语篇等知识，积累外语学习经验，培养文化意识，养成外语阅读习惯，掌握一定的外语阅读技能，以促进学生语言综合运用能力的形成。因此阅读不仅是外语教学的目的之一，也是一种重要的外语学习手段。随着外语水平的提高，学生具备的有关阅读的知识、经验、文化意识、习惯和技能使他们能够进行更为有效的外语阅读，学生的阅读重心会逐渐从以学习为主转移到利用外语来获取信息，了解异国文化、拓展视野等。以英语教学为例，这也就是学以致用，从英美人的语言思维出发来进行阅读；将外语水平运用在实际生活中，通过自己的外语能力去了解异国的文化风情等，真正拓宽自己的视野并进一步提高英语水平。

（三）语篇分析理论在阅读理解过程中的运用

1. 运用衔接、连贯理论分析来进行阅读理解

衔接指的是语篇中语言成分之间的语义联系，或者说是语篇中一个成分与另一个可以与之相互解释的成分之间的关系。当语篇中一个成分的含义依赖于另一个成分的解释时，便产生了衔接关系。

衔接手段在语篇中形成一条条相互交织、相互联系的语义线，像一条条脉络把语篇肌体各组成部分有机连接起来。

2. 语境分析在阅读理解中的运用

依然以英语教学为例，要学好英语，学生需要了解和熟悉一些英语国家人们的生活习惯、文化背景、风土人情与生活方式等。然而，有些中国学生他们对英语国家的文化习俗、社会价值观、历史与现状往往缺乏足够的了解，这不可避免地影响到他们对相应话语的理解。

第五章　外语教学的文化教学构建

第一节　外语文化教学的目标和内容

一、外语化教学的目标

近年来，我国大学外语教学研究的重要课题之一是交际性教学原则的研究以及在教学中的应用，与此密切相关的则是对教学中语言与文化关系的探讨。根据教育部制定的《大学英语课程教学要求》，大学英语教育的教学性质和目标的定位是：第一，大学英语教学是高等教育的一个有机组成部分，大学英语课程是大学生的一门必修的基础课程，大学英语是以英语语言知识与应用技能、学习策略和跨文化交际为主要内容，以外语教学理论为指导，并集多种教学模式和教学手段为一体的教学体系。第二，大学英语的教学目标是培养学生的英语综合应用能力，特别是听说能力，使他们在今后工作和社会交往中能用英语有效地进行口头和书面的信息交流，同时增强其自主学习能力，提高综合文化素养，以适应我国社会发展和国际交流的需要。第三，大学阶段的英语教学要求包括英语语言知识、应用技能、学习策略和跨文化交际等方面的内容，并以定性和定量的描述体现大学英语教学目标。

对于外语教学的交际性原则、语言与文化的关系等作了较为明确的规定，同时在整体精神与许多具体部分的表述与教学要求上也体现了交际性原则。比较前大纲而言，这是一个明显的进步，是我国外语教学界在语言的本质和功能等方面认识深化的一种表现。然而，长期以来，大学英语教学中存在着重知识、轻能力的现象，教学指导思想一直以教师为中心，学生只是被动地接受知识。这种单一的以教师为中心教学模式只是让学生被动地接受知识，不利于调动学生的学习兴趣和积极性，也不能有效地培养学生实际运用语言的能力。

对于外语教学目标的制定来说，相关受影响因素是比较多的。在明确教学目标之前，外语教师要加强调研，进行大量的相关调查和分析，加强对调研结论的研究和分析，在通盘考虑后明确外语教学目标以及框架的具体范围和特色，最终保证外语教学目标科学合理性。对于外语教学目标的制定来说，应当最后用具体化目标形式呈现出来，只有这样才能用来指导具体化的外语教学。

针对外语教学目标的制定来说，主要可以分成三大层次，第一层次为一般要求，第二层次为较高要求，第三层次为更高要求。通过层次划分来应对不同英语学习水平学生的学习。针对各个层次教学目标体系来说，往往都是从容易到困难依次递进的。这样形成的外语学习目标体系才具备可操作性。在明确教学目标之后，还要明确具体化教学目标的实施方式和渠道，要明确在设置的课程中相关课程对应的相关教学目标。具体来说包括课堂教学、课外自主学习、英语选修课学习、英语第二课堂学习及其他学习途径等。不但要明确这些教学目标分散到对应教学渠道内的方法，且要明确相关教学渠道适合的教学目标是什么，这些都是外语教师值得探讨的问题。另外，这些教学目标的具体实施是建立在与学生良好的沟通基础之上的。所以，在具体的教学活动开展之前，外语教师必须让学生全面了解整体外语教学目标体系内容，让学生明确自身的外语学习任务，让学生打有准备之仗。这样，教师不仅能做到心中有数，学生也能做到心中有数。

大学英语的教学目标是培养学生的英语综合应用能力，特别是听说能力，使他们在今后工作和社会交往中能用英语有效地进行口头和书面的信息交流，同时增强其自主学习能力，提高综合文化素养，以适应我国社会发展和国际交流的需要。这是国家对大学英语教学提出的教育目标，是大学英语教育教学活动应达到的基本要求，也是制定教学大纲等教学文件的依据和落脚点。具体来说，针对受教育者来说，必须达到两大方面的要求：第一，必须具备一定的英语综合运用能力；第二，必须具备较强的自主学习能力以及较高的文化修养。是否具有这两种能力的质量标准是学生在进入社会后，能利用英语作为交流工具，进行口头和书面的信息交流并适应社会发展和国际交流的根本需要和要求。

根据《国家中长期教育改革和发展规划纲要》，中国高等教育的重要目标之一是“培养具有国际视野、通晓国际规则，能够参与国际事务与国际竞争的国际化人才”，那么，大学英语教学的另一个重要目标就是“培养学生参与国际事务和国际竞争时所需要的英语沟通能力”。在学生英语实用能力的培养中，各大学应该根据各个学校的人才规格定位，根据今后学生工作岗位的实际需要，科学地、实事求是地确定英语教学的目标定位。

大学英语教学目标指引着教学活动设计的方向，控制着教学活动的实施过程，并为教学效果的评价提供了标尺，在大学英语教学活动中具有举足轻重的作用。总之，教学目标制定的科学合理性直接影响着教学的成败直接影响大学英语教学的内容、方法、评价以及效果等各方面。教学目标总是随着社会的发展而不断改进。我国教育部已经颁布了《大学英语教学课程教学要求》试行本。修订后的《大学英语课程教学要求》（以下简称《教学要求》），其对大学英语教学的目标描述为：大学英语的教学目标是培养学生的综合应用能力，特别是听说能力，使他们在今后学习、工作和社会交往中能用英语有效地进行交际，同时增强其自主学习能力，提高综合文化素养，以适应我国社会发展和国际交流的需要。学目标从原来的以“提高学生的阅读理解能力”转变为“培养学生的综合应用能力”。

文化教学作为大学英语教学中的重要组成部分，有三个教学目标，即文化知识的传授、文化意识和文化能力的培养。文化知识学习是进行跨文化交际的前提，主要让学生在英语教学中掌握母语与目的语国家的价值观念、文化传统、风俗习惯、礼仪常识、生活方式等；文化意识是进行跨文化交际的保证，它能引导学生在外语教学中注重目的外语化和母语文化间的差别，并能在日常的学习、生活中比较和体会，从心理上认可其存在的合理性；文化能力是英语教学的终极目标，它是指在文化知识和文化意识的基础上，培养学生在英语教学中有意识地运用文化知识进行跨文化交际的能力。

近年来，我国外语教学人士已经普遍意识到语言文化因素在教学过程中的重要价值。语言教学必须与文化教学相结合，已逐渐成为共识。文化教学指的是，在语言教学中对文化背景知识的导入、对学生跨文化交际能力、文化意识的培养以及增强其对文化差异的敏感性和鉴赏能力。从大学英语文化教学的角度讲，交际文化的重要性甚于知识文化。我国大学英语的教育目标旨在培养学生的综合应用能力，其中，着重强调语言的实际交际功能，尤其把语言的社会文化性因素纳入对学生的语言基础和技能的培养内容之中。因此，在大学英语教学中，增强学生的社会文化意识和跨文化交际能力具有重大的现实意义。

二、大学外语化教学的内容

文化的内容纷繁复杂，让学生在有限的大学英语课时中掌握英语国家全部的文化知识也是不太可能的。要想明确大学外语教学实际内容，要从多个方面、站在多个角度上深入分析。

从背景文化的导入方面来看，大学英语教学的内容主要包括目的语国家的人们的生活方式、思维方式和行为方式等，结合大学英语教学要求等内容，英语教学中的文化教学应包括以下几点内容：

背景文化。所谓文化背景，是指某种语言从产生到使用所经历的社会历史文化背景，在大学英语教学过程中，对于背景文化的导入应包括了以下五点：第一，地理常识，如英语国家的地理位置、气候特点等；第二，历史背景，主要指英语国家的起源、发展、历史大事件等；第三，政治经济，主要是指英语国家的政治制度、经济制度、法律制度、社会福利等；第四，文学艺术，主要英语国家的著名文学艺术流派及成就；第五，风俗习惯，主要指英语国家的家庭观念、饮食文化、生活方式、思维方式等。

针对词汇文化语言以及文化的关系来说，两者是相辅相成的。语言包括的要素是比较多的，不仅包括语音、语法，还包括词汇等，在多个相关要素中，和文化关系最密切的要素是词汇，且该要素对文化的反映更加直接。可以反映人类社会文化生活的工具比较多，词汇就是最主要的一个，词汇不仅属于语言的一大基础材料，也是语言中最活跃的一部分，词汇承载着的文化成分是比较多的。大学英语教学中关于对词汇文化的教学主要集中在如下几类：表示特有的事物与概念的词汇，如语面意义与汉语相同，但文化含义与汉语不同的词汇；体现英语民族的文化传统的习语、成语、典故等，如这两个词与美国早期开发西部地区相关；是美国文化特有的产物，在汉语中也找不到完全对应的词汇。

在每一个单元的教学中，首先要进行词汇教学。课前要求学生对于每个单元的词汇进行分类预习，即该词汇属于哪个文化主题（即文化产品、文化实践、文化社群、文化观念以及文化个体之一）。学生可以使用网络、词典等相关工具进行查询，获得其各个方面的信息，如文化背景、含义以及意义的变化等，以备课堂上的讨论。课堂上，在词汇教学中，词汇的上位概念和下位概念的延伸讲解阶段作为搭建脚手架阶段，学生围绕每一个词汇进行相关的“头脑风暴式”联想，即进行体验，形成五个相关主题的互动，形成以某一个文化主题（即文化产品、文化实践、文化社群，文化观念以及文化个体五个主题之一）为核心的圆周进行互动。在使用英语表达自己观点的过程中，联系自己的经历或者经验（包括自己的预习所了解的），可以认为，新获得的知识与学生本身认知结构中已有的相关概念发生联系，所以学生发生了有效学习，从而形成自己对于相关主题的观念和认识，这种过程即是一种文化体验。围绕某一个文化主题的圆周制教学得以循环进行，其内容、目的和方法均以文化为主。

在加强英语词汇教学之后，还要加强英语课文教学。在实际的英语课文教学过程中，要首先加强语言教学，这里特指的是语句的教学。英语词汇教学为后期英语语句学习奠定了坚实基础，即所谓的词汇内涵以及外延，且词汇涉及到的文化元素比较多，这些元素的存在为后期语句教学提供了重要平台。在具体的教学过程中，教师应当对于相关语句的解释以词汇的学习为基础进行，让学生分组进行讨论。在这种讨论学习过程中，学生构建协作社群，成为一个学习的“社会群体”，这种社会群体创造了语言的意义“赖以生存”的语境，同时语言的意义又通过这种社会性群体的相互依赖获得，这样不仅可以拓展学生的个体知识面，还可以最终实现知识建构及发展目标。同时，这种讨论提供了一个环境使得体验得以顺畅进行，在“对话”与“协商”中，学生调动自己对于相关词汇的学习以及已有的个体知识背景，学生的主体地位通过积极参与活动表现出来，他们通过心灵进行感受，在亲身的经验和体验中理解知识，提高和发展自己的语言能力。

在词汇和语句的学习基础上，要学习整篇课文的教学，在该过程中，教材的“二次开发”成为关键。首先是教师的脚手架作用，围绕课文相关主题进行改编和开发，以便适合学生进行角色扮演之用。在扮演过程中，学生置词汇和语句于相关的语境中，感受体验其潜在的社会含义。知识的意义和个体的身份是在互动中建构的，而且这种建构具有情境性。情境认知理论认为，知识的意义具有情境性，只有通过运用才能够被理解。它取决于具体的使用场合和社会文化等因素的影响，个体在与周围环境和其他社会个体相互协调和相互活动的过程中逐渐建构和发展起来，体验贯穿在其情景性和互动性中，缄默知识通过实践而获得，即使有一些知识学生在当时并不能意识得到。

在大学英语教学中推行文化教学是十分必要的，其最终目的是培养一大批跨文化交际能力足够强的人才，对于跨文化交际来说，其会涉及到人和人之间的具体化接触，所以，英语中诸如问候、告别、称赞、批评、感谢、道歉、祝贺及其应答、邀请、请求、同意、劝说、建议、介绍、参观、约会、宴请、饮食、服饰、电话、交谈、社交书信等社交规约也是社交文化中不可缺少的一部分。针对非语言文化来说，它属于言语范畴之外的一切表现形式，不仅包括手势、身势、触摸，还包括面部表情、身体距离、音量等。要想提高学生的跨文化交际能力，在大学英语的文化教学中传授此类非语言形式的文化背景知识也是必不可少的。

从文化分类方面来看，不同的文化分类往往意味着不同的文化内容。根据文化的国度和民族性，可分为目的外语化、母语文化和其他民族文化。根据文化在跨文化交际中的影响（功能），可分为知识文化和交际文化，包括目的外语化、母语文化、世界其他民族文化、知识文化和交际文化。

（1）目的外语化。就外语教学而言，无论是实现它的工具性还是人文性，都需要学习目的外语化。目的外语化的学习，对提高学生的综合文化素养和语言教学效果以及实现提高跨文化交际能力的教学目标都具有十分重要意义。目的外语化是外语教学的当然内容之一，外语学习的过程使人们能够直接体味外语所承载文化的思想观念、价值体系和精神蕴含。它是目的外语化输入过程，同时也是民族价值观念重塑过程中的一个重要环节。根据文化教学有效性原则，目的外语化教学只能选择那些与教材和日常交际密切相关的内容。

（2）母语文化。外语教学是内含母语及其文化的互动过程。融入母语文化，一方面可以加强母语文化修养和认知；另一方面，两种文化对比学习有利于增强文化差异意识和文化差异理解力，提高跨文化交际能力。国际视域下推介和传播中国文化精华是外语教学的内在使命，也是广大外语学习者的义不容辞的历史责任。融入中国文化因素，有助于培养学生中国文化意识和用外语表述母语文化的能力。当前，学生用外语表达中国文化的能力普遍较弱，在跨文化交际中时常出现“中国文化失语症”，主要原因是母语文化教学严重缺失。要走出这一困境，只能从外语教学入手，在实践中探索用外语表达中国文化的方式；借助其他文化框架来揭示中国文化精神，理解和重新构建自己的母语文化，实现母语文化的输出。所以，外语教学在实现了文化输入的同时，还有一个很重要的目的是使外语学习者能够有能力将我们的传统文化精髓展示给世界各民族，为我们的文化输出起到现实的作用。这样才能真正实现跨文化交流的双向互动，对扩大中国文化的国际影响具有十分重要的意义。

（3）世界其他民族文化。在外语教学过程中，及时融入涉及除母语和目的语之外的其他民族文化，也是文化教学的应有内容之一。

（4）知识文化和交际文化。根据文化因素在交际过程中实际产生的影响不同，文化可分为知识文化和交际文化。这一文化分类，与外语教学目标密切相关，比较适合文化教学内容的需要。知识文化是指不同文化背景的人在进行交际时不直接影响准确传递信息的语言和非语言的文化因素。所谓交际文化，指的是不同文化背景的人在进行交际时，直接影响准确传递信息的语言和非语言的文化因素。二者具有交叉性和对比性。在外语教学的不同阶段以及对不同的外语学习者，二者又具有可变性。这需要外语教师因地制宜，有针对性开展文化教学。对于异域文化知识比较丰富的学生，影响交际的文化因素相对会少些，这时知识文化教学就可以多一些。教学基础阶段交际文化可以多一些，随着学生语言能力的逐步增强，知识文化就可以多一些，因为交际文化扎根于知识文化，高年级阶段导入的知识文化可以为基础阶段的交际文化提供理论解释，让学习者知其然又知其所以然，这样才有助于培养学生文化理解力。

针对文化产品来说，主要包括四大要素：第一大要素是物质产品；第二大要素是居所；第三大要素是机制；第四大要素是艺术形态。物质产品主要指人类不同文化群体所共有的物品，比如货币。但也存在一部分物质产品是特定文化群体拥有的，比如音乐、舞蹈、绘画、雕塑、戏剧、电影、建筑、设计、装饰、服装等专门艺术形态与生活艺术形态。

针对文化实践来说，也具备四大要素：第一大要素是运作；第二大要素是行为；第三大要素是场景化活动；第四大要素是生平经历。具体来说主要是指文化产品的运作方式，比如具体用餐的方式和具体购物的方式等；仪式化的交际实践，例如问候、告别等；一些扩展性的交际实践，在一定的场景下行动的方法；文化成员的生平经历，主要有真实的人物传记、文学作品中虚构人物的生活经历等。

文化观念也包括四大内容：第一大内容是感知；第二大内容是信仰；第三大

内容是价值观；第四大内容是态度。具体来说，包括我们感知的内容、忽略的内容、注意到或未注意到的内容；我们相信为真实的或不相信为真实的内容；我们坚信是正确或错误、善或恶、期望与不期望、合宜与不合宜、正常与异常、恰当与不恰当的内容；我们的精神和情感秉性等。

不同国家人属于不同的社会群体，所以，我们在国家以及民族层面上存在着差异。就算是本地人，也会在年龄、性别、性格等很多方面有所不同，即便是师生之间也存在着巨大的群体文化差异，这对我们的文化教学常常形成障碍。文化个体主要指身份归属层面上的文化要素，具体包括国家、教育、性别、职业、地区、社会阶层、种族、代别等。文化是人的生活的文化，它不仅是民族的、国家的、群体的文化，更是个人的文化。所以，我们在学习时，不要把一个群体的文化呈现为整个社会的文化，要充分把握外国文化中的个人差异。

从第二文化教学方面来看，在第二文化教学的入门阶段，多讲述与表层文化有关词语的文化背景及语义；在基础阶段的语言教学中，应把重点放在与中层文化密切相关的语言现象与文化习俗方面；而在语言教学的提高阶段，除继续进行与中层文化相关的语言文化对比之外，还应加强与深层文化有关的语言现象的理解、分析、对比。上述各种方法应该说都有其可取之处，对教学有一定的指导意义。但是，它们都有各自的不足，因为文化是一种极其复杂的社会现象，分类之间总是不可避免地存在着交叉、重叠或有少许遗漏。但从外语教学的角度看，从文化知识功能的角度来对外语学习中所涉及的文化背景知识做出划分，即分为知识文化和交际文化两种。

无论对于什么词来说，都包含知识文化成分，但对于交际双方来说，是不会因为没有这些知识而产生纠纷的，就算没有相关知识文化，只要采取有效的交际策略，也能维持交际的长期进行。针对交际文化来说，主要指的是直接影响交际的背景知识和普通的文化模式。针对文化背景不同的两个人来说，如果在交际过程中缺乏该文化知识，会从根本上阻碍交际的正常进行，甚至造成交际失败。导致交际不成功的原因比较多，影响因素也比较多，但交际文化知识缺乏是其中的主要原因和主要因素。

从语言教学的角度看，给学生传授交际文化往往比传授知识文化重要。有些学生某些知识文化固然不好，却不会在交际中造成误解，但学生如不懂交际文化就会出问题。因此，在语言教学中，我们应着重向学生介绍交际文化。知识文化是基础，但交际文化是重点。相比较而言，学生较易获得知识文化（如通过听概况课、阅读文学作品、查字典等），而交际文化却往往需要教师的传授才能明白。在上语言实践课时，教师对知识文化的介绍要有节制，应重点传授交际文化。但这并不是说，在语言教学中要侧重或突出交际文化就可以忽略知识文化。其实，从长远的观点来看，这两种文化对学生语言能力的培养都是非常重要的。丰富学生知识文化不仅有利于提高学生的阅读、写作能力，且最终还利于提高学生的听、说能力。越是到了语言学习的高级阶段，知识文化因素的影响力就越大。因为到了中、高级的学习阶段，交际文化因素就具体地更多反映在成语典故、惯用语、缩略语等方面。

可知，语言教学应自始至终地把知识文化和交际文化的教授贯穿其中，在语言学习的初级阶段，应该把交际文化作为侧重点，随着语言学习的不断深入，知识文化的比重也应不断加大。另外，从时间上来看，我们还要注意区分现代的文化现象和旧时的文化现象，即要注意文化的时效性。人们认为，作为语言研究，无论是流行于任何时代的文化现象都要去研究，但作为语言教学，首先要给学生讲那些与现实生活关系最密切的东西，不讲就容易产生交际障碍的交际文化。只有这样，才能真正达到培养学生跨文化交际能力的目的。我们不能把文化研究与文化教学混淆起来。作为教师，在讲授文化时要始终明确文化教学的范畴和目的，要在有限的课堂语言教学时间内，把重点放在现代的交际文化教学上。

从教材方面来看，根据教材可知，在实际的大学外语教学过程中，具体有词汇教学、口语教学、阅读教学、非语言交际教学。

词汇教学。英语与汉语中的有些词汇看起来和概念意义相对应，但它们在指称的范围、表达的程度和隐含的褒贬等方面有着这样或那样的差异。大学英语教师，在进行词汇教学时，应注意解释词汇的文化背景意义，并将其与相应的汉语词汇进行对比，有时还可深入补充一些相关的异国风土人情等。词义的文化因素挖掘可视具体情况采取语境法、词源法、搭配法、比较法等。这种见缝插针的渗透方式，对学生在潜移默化中深入了解外国文化有很大帮助。

口语教学。一口地道的英语口语集中体现了对外国文化的深刻认识。适当的英语口语环境也能够让学生在不知不觉中接受外国文化的熏陶，增强其对外国文化的感知和接受能力。英语教师在日常教学中应尽可能地使用地道的英语与学生进行交流，设置专门练习地道口语的环节，一般可与听力训练相结合，让学生在听力训练当中掌握出现的地道的英语口语。教师还可充分挖掘，提供相应的语境，让学生进行模仿练习，使其达到能熟练应用的程度。

阅读教学。对于文化教学来说，必须加强对英语文化的渗透。所以，对于大学英语教师来说，必须加大对语言文化背景知识的讲解和介绍，在具体化的课文阅读过程中，也要考虑到英语文化背景知识以及相应的文化习俗。对于外语教师来说，可以采取播放相关影片等方式进行语言文化研究，让学生全面了解英语国家的宗族制度、风俗习惯和生活方式等。

非语言交际教学。非语言交际属于一种非常重要的交际方法，具体指的是在特定的情景或语境中使用非语言行为进行交流和理解信息的过程。

针对不同文化背景下的非语言文化来说，其实质内涵差异很大，一些特定的非语言行为往往代表着特殊的含义。所以，在日常的英语教学过程中，必须明确非语言交际的作用和重要价值。

事实上，大学英语的教学内容总是体现一定社会或群体的主流文化，是以社会主流文化的代言人的形象出现的。它将社会主流文化转化为适合学生接受的内容方式，使学生在课堂的学习以及与教师的日常交往中，就有意无意地、或多或少地习得了这些文化内容。当然，大学英语中的文化教学一直是外语教学领域的难点问题，需要在教学过程认真探索和总结。从语义学来说，词语的所指是现实生活中可以看得见的物质和事实，而它的内在则需要他人进一步的理解体验；看得见的是公开的文化，而需要体验的则是隐蔽的文化。

同理，话语的文化特性也区分为公开的层面和隐蔽的层面，如在语篇分析研究领域，话语的隐蔽层面是其研究的侧重点。近年来，在大学英语教材的设计上，词汇表中单词解释就是每个单词的所指，即公开文化的层面；而词汇在课文中的使用则是词汇的能指，即隐蔽文化的层面。

话语亦受文化的影响和制约，话题的选择就会体现文化的不同，如谈论天气或者薪水、年龄等在不同文化中的社会意义，甚至用什么样的语言风格来谈论该话题也受到文化因素的影响，各种不同的文化有各自不同的规范和模式。每一篇英语课文是词汇的逻辑组合，必然体现一定的文化含义，虽然其体裁可能是故事、戏剧、科普知识等各不相同，但这些只是语言的公开文化层面，文章作者自己的价值观、思维方式等却蕴含其中，因为个体的文化孕育于共性的文化之中，当学生接触到或者感受到其间的文化信息，就会感受到其语言文化所涉及到的方方面面，包括其思维方式，进一步理解和感受与汉语语言文化的区别。很多文学作品描述的是特定的人物形象，表达的是作者本人的观点，但是文学作品却能在很大程度上帮助学习者理解某一群体的价值观和信仰。大学英语文化体验教学是一种结合了词汇和语言的文化语境的教学活动，通过凸显文化特征而提高教学效果，文化既是教学的内容，又是手段，亦是目的。

第二节　外语文化教学方法

从广义上讲，教学策略不仅用来表示为达到某种教学目的而使用的手段或方法，而且还用来指教学活动的序列计划和师生间连续的有实在内容的交流技巧、艺术。但从狭义上讲，教学策略仅是指为达到某种教学目的所使用的手段和方法。在此意义上，教学策略同义于教学模式和教学方法。目前，各大高校因受传统英语教学观念的影响，依然采取的是以班为单位，沿用“复习旧课—导入新课—讲解新课—巩固新课—布置作业”这种陈旧的课堂教学模式。以教师为主体的课堂教学模式以语言为基础，只注重语言结构等知识的传授，认为学生一旦了解并掌握了语法的相关知识就相当于学会了该语言和运用该语言的能力。因此，有了该理念的支撑，大部分外语教师开始在课堂上进行词汇知识讲解和语法知识讲解，开始加强对语法知识的研究和分析，开始采取中英文互译等传统方式进行教学。针对该教学模式来说，其具体化实施的作用比较大，目的比较明显，一方面主要是为了便于教学内容、教学活动以及教学进程的组织和监控，充分调动教师教学的积极性，发挥其教学的主导作用；另一方面也是为了学生在较短的时间内掌握较为全面的语言知识。

随着社会的发展，教育的不断改革，传统的教学模式及其教学方法已经不能适应当前教学的需要，存在一定的不足和弊端。首先，从大学英语课堂教学模式来看，教师是课堂教学的主体，教师备课认真、授课内容丰富、授课条理清晰成为衡量教学效果的重要标志，教师成为教学内容、教学结构、教学方法及教学进度的决定者，他们将教材、教学要求等内容实施统一要求，忽视了来自不同文化背景的学生有着不同的文化个性，如认知策略、学习方式、思维形式等。这种模式片面夸大了教师的主导地位，忽视了学生的学习主体地位，缺乏因材施教的理念。其次，从大学英语教学方法来看，站在教师的角度，语法翻译法是一种传授的方法；站在学生的角度，语法翻译法是一种接受性的方法。在教学过程中，该方法只强调灌输语言知识，而忽视培养学生的语言应用能力和文化意识；只重视英语语言的输入，而忽视英语语言输出。传统的这种“一言堂”和“满堂灌”的大学英语教学模式和方法不仅不利于学生创新思维的培养和发展，更不利于批判性思维能力的培养和发展。为了让师生双方共同走出大学英语“唯工具论”认识上的误区，让教师不仅注重学生基础知识的传授和应试能力的培养，还要重视文化输入和跨文化交际能力的培养；不仅注重外国文化的导入，还要注重本土文化的输入；不仅认识到文化的多元性，还要认识到多元文化的差异与共存。

一、大学外语化教学圆周

要想进行大学英语文化教学，首先要进行先行组织者的提供，教师要发挥良好的引导作用和调动作用。其实对于大学英语文化教学来说，属于一种体验式教学。在词汇层面的教学中，文化体验从最基本的词汇意义开始。语言属于人类思维的主要工具，也是人们思想和表达思想的主要工具。人们要想形成思想，必须借助于语言，与此同时，对于人们的思想来说，又往往以语言形式来表达。语言的基本单位就是词汇，词汇是文化传承的基本细胞，无论是人们的思维的过程还是人们思维的结果，都要在语言词汇以及相关结构中体现出来。语言词汇不仅有承载文化信息的作用，也有反映人们文化生活情况的作用。各种语言中除了一部分核心词汇外，许多词汇都有特定的文化信息，即所谓的“文化内涵词”。语言的学习者和研究者都知道，语言中最活跃或者说最富有变化的成分是词汇，词汇是语言的基本要素，是语言大系统赖以存在的支柱。词汇同社会文化的各项活动和社会的各种关系密切相关，真实反映了人类的社会文化活动，传播着特殊的文化内涵。如爱斯基摩人的语言中有很多与“雪”相关的词汇，这与他们所处的地理环境有关。因此，词汇字面意义，即辞典解释的含义属于先行组织者。且学生通过教师的讲解和查辞典获得词汇的基础含义，此层面属于心理体验层面，并且属于被动体验，学生被唤起想象自己在目的外语化环境下，去理解、认识主题内容，即词汇的含义，教师同时可利用图片展示等，来促进学生的进一步心理体验。同时前文所提到的其上位概念和下位概念也是其中的先行组织者材料，此阶段学生会有新鲜感或者是激动的感觉。随后教学圆周开始形成。当然，词汇形成语篇，即语言，在词汇圆周推进的同时会产生语言圆周的推行和思维圆周的推进，因为语言与思维不可分，但是为了阐述方便，此处作者将语言圆周教学以及思维圆周分别单独列出，并且阐释其中的过程。

大学英语文化体验教学包括四个阶段：贯通性文化主题的确定；先行组织者的提出，教学圆周内容的制定；文化体验途径的创设，如故事、电影或角色扮演等；英语国家文化与自己国家文化的比较等。同时，大学英语文化体验教学对学生也有一定的要求，在学习中学生应是课堂活动的积极参与者、大胆的表演者、有效的语言使用者、教师指导下的自主学习者。目前，很多大学英语教材的每一个单元都是按主题安排教学内容包括语言知识和相关的背景知识、阅读材料、听力题材都是围绕这个主题安排和设计的。因此，教师设计的各种教学活动在完成本单元的教学任务时，应首先让学生有足够的机会去体验、感知和思考所接触的新内容，然后，在教师的指导下，学生把观察思考后的内容加以归纳，得出新的概念，可以是新的语法知识、语言知识或是背景知识，即“文化信息”，并运用到新的语境中或者是课堂活动中，这实际上就是所提出的“文化实践”。此后是在了解文化信息基础上的课堂活动后的反思，即“文化观念”，最后才了解英语国家与我国文化的异同。在高层的认知、创新和个人发展中常常需要文化体验教学中的几个教学圆周阶段互相推进。

如果依照该方式的话，在通过主题循环完成某单元任务后，学生就可以加强对该单元文化内容的感知，且能在新的语境中熟练运用相关知识。所以，针对教学圆周来说，能够分成三种，第一种是以词汇为圆心的圆周，第二种是以语言为圆心的圆周，第三种是以思维为圆心的圆周。为了深入了解这三大教学圆周，下面进行相关研究和分析，并加强对其他文化教学策略的扩展分析。

二、大学外语化教学具体方法

（一）凸显大学英语课程教学中文化因素

大学英语这门课只是作为大学教育的一个组成部分，而且这个时期的大学英语主要是把英语作为一门知识和一种素质来教学和培养的。但随着近几年以来我国国际交流的日益频繁，国际地位和影响力不断提升，社会及相关部门对大学生的英语水平要求有了显著的变化。于是，《大学英语课程教学要求》应运而生。《大学英语课程教学要求》提出大学英语的教学目标是培养学生的英语综合应用能力，特别是听、说能力，使他们在今后工作和社会交往中能用英语有效地进行口头和书面的信息交流，其作为交流工具的特性凸显。

随着时代的变迁和科技的发展，最新《大学英语课程教学要求》进一步阐释了英语作为文化交流工具的特性。它提出："大学英语是以外语教学理论为指导，以英语语言知识与应用技能、跨文化交际和学习策略为主要内容，并集多种教学模式和教学手段为一体的教学体系。"大学英语的教学目标是培养学生的英语综合应用能力，特别是听说能力，使他们在今后学习、工作和社会交往中能用英语有效地进行交际，同时增强其自主学习的能力，提高学生的综合文化素养，以适应我国社会发展和国际交流的需要。我国大学英语教学进入一个转型时期，因此提倡个性化的教学要求、方法和模式，大学英语教学中的文化因素要求凸显。教育部在《关于开展大学英语教学改革试点工作的通知》中明确指出，要充分利用现代教育技术，构建个性化的大学英语教学模式。大学英语文化体验教学有效结合了时代赋予这门课程的机遇——文化交流的工具，同时利用了时代所赋予的平台和技术成为知识的建构工具，并且结合了先进的教育教学理念，为学生日后的跨文化交流扫平了障碍。大学英语教学不再只有一种教学模式，学生不再只是有一种学习动机或者学习方法，甚至一种英语供学习，而是多维度、多层次、多途径的大学英语文化体验学习。

（二）树立正确的大学英语文化教学观念

从对大学英语教学中文化教学的实践探索中我们不难发现，教师在教学当中的作用不容忽视，教师教学水平足够高是文化教学得以顺利进行的重要基础，也是取得卓越教学效果的重要前提。部分教师文化知识的缺乏，导致其无法完全胜任文化教学工作，难以将中西方文化有效地融入英语教学中。另外，针对一部分外语教师来说，其跨文化交际意识是比较淡薄的，认为大学英语教学只是简单的词汇和短语知识讲解，导致英语教学课堂枯燥乏味。要想改善当前大学英语教师综合素质低、文化教学意识弱的现状，我们一方面可以通过开设英语文化培训班，使英语教师以继续教育的形式加强对英语国家的历史、文化、风俗习惯、生活方式等内容的深入了解，从而为英语教学的改善创造条件；另一方面也可以通过“请进来，送出去”的方式，即邀请英语国家的专家学者直接参与到大学英语教学和英语继续教育工作中来，或者是为大学英语教师提供与英语国家的专家学者座谈交流的机会，亦或者是经常选派大学英语教师出国培训，让其身临其境地感受英语国家的历史、文化以及生活细节等。总的来说，实施多种举措的目的只有一个：增强大学英语教师的文化教学意识，端正大学英语文化教学观念。实施以上多种举措不仅是加强大学英语文化教学的前提条件，也是有效开展大学英语文化教学活动的基础。

树立正确的大学英语文化教学观念，要求教师在英语教学实践中将语言和文化有机地结合于一体。教师们常常会发现在英语教学过程中，学生们对于英语语言所承载的文化信息的兴趣要远远大于对纯英语语言知识的兴趣。为此，大学英语教师在向学生传授知识时应注重文化内容的讲解，因为语言教育和文化教育是相辅相成的。比如，在讲解课文时，为了达到在语言中学文化的目的，教师可以利用一些句子或者单词所蕴含的特殊文化知识来吸引学生的注意力。另外，教师还可以适当的添加教学内容，在大学英语教学中加入适当的文化教育。这样一来，在整个教学过程中，教师与学生的多元文化知识与素养都会在潜移默化中被提及。

树立正确的大学英语文化教学观念，要求教师注重外国文化与母语文化的同步输入。在大学英语的文化教学中，使学生在潜移默化中以一种批判的眼光学习英语文化，避免因过度导入外国文化，出现学生漠视甚至摒弃以汉语为载体的中国文化。在讲解外国文化知识的同时，更要注重对母语文化的强调，通过外国文化与母语文化的同步输入，使学生在两种文化的比较学习中认识差异，在欣赏两种文化的同时获得社会交际中必要的跨文化交际意识与技能。

要想树立起正确的大学英语文化教学观念，教师必须拥有正确的跨文化教学价值观。在实际的文化教学过程中，教师往往把英语当作载体，在该文化教学中，外语教师必须加强对学生的引导，让学生拥有求同存异的包容心态，让学生明确英语与汉语之间的文化差异性，还要让学生尊重和理解文化差异。且在实际的文化教学过程中，教师还要注意引导学生正确认识、深刻理解英语语言中蕴含的先进文化，避免学生错误认同、盲目崇拜英语语言落后文化的问题出现。

（三）确立多元的大学英语文化教学目标

针对大学外语教师来说，不仅有培养学生具备人文理性的职责，还有培养学生具备人文关怀的职责。因此，在大学英语教学中倾向于重“功利”、轻“育人”，重“名利”而轻“人文”是万万不可取的。而且以这样的功利心思也学不好英语。大学英语教学就是意在通过语言的学习，使学生培养并具备一种新的文化意识，能够在了解其他文化的基础上比较、鉴赏不同的文化，取其精华，去其糟粕，提升自身的综合素质。学生在掌握适合自己的语言学习方法后，就能快速养成良好的学习习惯，最终大大提升学习效率，这也是通识教育的最终目的。

结合《世界高等教育宣言》及《世界文化多样性宣言》中对多元文化目标的解读，我们对大学英语课程教学目标赋予了更多的要求。

其一，要求越来越重视学生多元文化素养的培养。在经济活动全球化的背景下，人才流动已在世界悄然进行。具有多元文化素养的人才是今后各个经济行业中不可多得的人才。多元文化素养包括了全球意识，它要求学生不仅能对外国文化吸取精华、弃其糟粕，而且还对比本土文化有比较深刻的理解，保持自己看待问题和处理问题的独有性。

其二，要加强跨文化交际能力的培养。跨文化交际能力是一种与非本民族交往的行为能力，尤其是指避免和消除跨文化冲突、形成和发扬跨文化融合的能力。它包括以下几个方面：一是跨文化认识能力，即通过观察、走访、调研、阅读、分析、沟通等形式加深对英语文化的理解，使学生具备一定的认知与沟通能力；二是跨文化比较能力，即通过比较母语文化与英语文化的异同，使学生加深对两种文化的理解，从而促进本民族文化与全世界文化的共同发展；三是跨文化取舍能力，即在认知英语文化后，选择学习或舍弃其中某些成分，使学生在英语学习中树立汲取外国文化先进部分，舍弃外国文化落后部分的意识，取其精华，去其糟粕；四是跨文化参照能力，即在认知英语文化后，不仅对英语文化进行取舍，更以英语文化为参照对象，发现汉语文化中值得发扬或者应该舍弃的部分；五是跨文化传播能力，即在与异民族人交往的过程中，主动让异民族人了解本民族的文化，这也是英语文化教学的终极目标。

其三，各校应结合自身特点制定不同的教学目标。各高等学校应参照《教学要求》中的总体要求，根据本校自身的实际情况，制定科学的、系统的、个性化的大学英语教学大纲，指导本校的大学英语教学，有条件的学校可以为本校的不同专业确立符合专业就业领域、充分体现专业特点、彰显个性化特征的教学目标，这样的教学目标才更有针对性，才能为取得最佳的教学效果奠定基础，才能为社会更好地服务。

（四）以词汇和语句为物理形式形成贯通性文化主题

大学英语文化体验教学是以语言整体观为语言教学理念；以建构主义为教学理念；以文化主题作为英语教学切入点的教学。同时，文化主题分类为本研究提供了思路，它涉及了文化的两个方面，即显性文化与隐性文化，并且提出了体验教学，为隐性文化的学习提供了教学设计的思路。另外，要从我国国情出发，大学英语教学所依托的教学内容形式多为词汇和言语（语言、句子），所以在本研究中，形成了以词汇和语言为物理形式的贯通性文化主题以及以其为核心的体验教学圆周。在大学英语文化体验教学过程中，通过一系列和主题相关的任务设计，让学生通过完成有意义的、真实的交际任务来学习和掌握课文中出现的词汇和结构。这样，课文中要掌握的词汇和句子结构不但成为学生在整个交际任务完成过程中思想表达的工具，并且最终转化为学生的大学英语学习成果。

（五）采用丰富的大学英语文化教学策略

要想加强对大学英语文化教学方法的深入探索，外语教师必须采取多样化的文化教学方法和策略，这是核心关键。在单一化和枯燥化的课堂教学模式下，不仅无法提升学生的学习效率，还无法提升学生的英语学习兴趣。所以，在实际的英语教学过程中，教师选择应用多样化的教学模式和方法输入文化，可以最终优化教学效果。

首先，教师应在课文教学前，采用丰富的文化教学策略进行文化导入。一是采用视听导入法。二是采用启发式教学法，在进行课文教学前通过教师提问的方式引出文章的主题，从而激发学生参与学习的积极性。三是文化背景知识引入法。

其次，在课文教学中，教师应采用多样化的文化教学策略进行文化体验。一是交际法，就是在老师以提问的方式引出文章的主题后，让学生积极参与到文章主题的讨论中来。二是语法翻译法，它是一种能为学生在了解英语读物和翻译英语材料时提供判断的工具。为了加深学生对语言现象的理解，教师往往通过采用语法翻译法使学生在学习过程中掌握举一反三的能力，从而为提高跨文化交际能力奠定坚实基础。三是词义挖掘法，由于受到多种文化因素的制约和影响，英语和汉语中的词汇含义变得越来越丰富，针对同个词汇来说，在不同文化环境下应用时，其含义和用法都不同，此时，大学英语教师要给予学生适当的提醒和引导，让学生记住并学会这些特殊词汇的使用方法以及使用时应注意的事项。此外，大学英语教师应当设立一套适合自己的教学思路，在具体的外语化教学过程中，要把相似单词放在一起，通过一个单词而引出其他类似的词汇，帮助学生建立一个系统的词汇结构体系，遇到一词多义的情形能够及时准确地反馈在大脑中。总之，只有明确词汇使用的相应背景，才能保证词汇的灵活和合理运用。四是对比教学法，这是大学英语教学中常被使用的文化教学方法，正所谓有比较才有借鉴。因此，我们在英语教学中可以引导学生分析一些东西方不同的文化现象，让他们了解其中的差异，加深他们对英语文化的感知，并逐渐培养学生跨文化交流时的语言敏感性。在课堂讲解时，教师要不断地引入和渗透文化知识，帮助学生将思想意识逐渐融入学习内容的文化背景。通过运用融合法来教学，可以让学生建立起更为深刻的学习印象，最终实现英语教学的目标。

另外，教师在课堂上的文化输入不可能面面俱到。因此，可以通过第二课堂的教学形式使学生在结束第一课堂以后开展与第一课堂相关的文化教学活动。这种实现教与学互动的学习方式是比较好的，一方面可以培养学生的自主学习和创新能力，另一方面可以让学生学到课本上学不到的英语文化知识。例如：教师可为学生推荐一些高质量的课外读物，如英语报刊、杂志、书籍、电影等，从而进一步提高学生的文化底蕴，开阔视野，培养民族情感，提高英语文化知识的实际运用能力。在课堂教学过程中，教师要鼓励学生与外籍教师或者外国朋友以当面交流、电话、网络等方式进行口头或书面的交流，使学生体会原汁原味的英语，融入外国文化背景中。同时，教师可以通过开展课外活动加深学生对英语文化知识的实际运用能力，让学生在具有“信息差”的知识语言环境中参与和体会语言能力和文化能力的重要性，如 English Corner（英语角）、English Presentation（英语展示）、英语剧表演、英语兴趣小组等，创设英语语言环境等。

最后，课文教学结束后，教师和学生都要进行文化退出，即回归到自己本来所属的国家、区域文化中去。多元文化教学不仅只强调教师如何让学生进行文化导入和文化体验，文化退出也是实现多元文化教学的一种良好形式。这种进场、出场身份不同的互换也正印证了《世界高等教育宣言》及《世界文化多样性宣言》中对于多元文化的解释，即多元文化的相互共存、相互尊重、相互包容。如果在学习文化后不退出的话，也就违背了文化的多元性要求。

当前，大学英语教师可以采取多样化方法加强文化教学。具体来说，不仅可以应用词义挖掘方法和翻译对比方法，还可以应用语法提示方法以及文学作品研究等方法，以此来增强学习者的外外语化意识。在当前的大学校园中，计算机网络普及范围越来越广泛，对于大学英语教师来说，还可以采取多样化的多媒体辅助教学方法，促进学生自主学习，在开拓学生视野的基础上增强其文化意识。大学英语教师还要在结合学生个性特点的基础上选择科学合理的教学材料，在课堂教学过程中，不仅要加强学生语言文化背景知识的学习，还要加强中西方文化的对比，不断积累多样化的文化知识，为学生后期长时间学习奠定坚实基础。

（六）形成科学的大学英语文化教学评价体系

针对当前我国的大学英语学习情况评价来说，主要是依据成绩高低来评价的，不管是教师还是学生家长，都是以学生成绩结果为评判标准的。但以学生成绩来评判学生学习能力的方式并不合理，容易忽视学生在学习中的主观能动性，且不利于提升学生的英语学习兴趣。另外，站在英语教师角度来看的话，该评价机制也无法激发他们对英语教学内容与方式进行改革与探索的积极性。

改变教学评价过分强调甄别和选拔的功能，发挥评价促进学生发展、教师提高和改进教学实践的功能。因此，大学英语文化教学的评价体系要体现多元化的评价主体和多样化的形式，综合“形成性评价”和“终结性评价”两者相结合的方式。形成性评价就是在多元文化教育理念的倡导下形成的产物。所谓形成性评价，就是在日常学习过程中对学生的表现、取得的成绩以及所反映出的情感、态度、策略等方面的发展做出的评价，其目的就是增强学生的自信心，让其能够获得成就感，并能培养其合作精神，激发学生养成自觉学习的习惯，从而帮助学生有效调控自身的学习过程。形成性评价包括了多种形式，有学生之间的相互评价、学生的自我评价、教师对学生的评价、教育部门对学生的评价等，它主要通过对学生课内、课外活动的记录，学习档案记录，网上自学记录，访谈和座谈等进行观察、监督和评估，达到促进学生学习的目的。

此外，保证外语教学评价形式多样化和评价主体多样化之后，还要进行适当的评价内容调整，以此来增加中英文化知识的考核比重。针对当前的大学生来说，学习英语的目的往往是拿到学分、顺利毕业。但是考试以什么样的形式考查、考到哪些内容在很大程度上决定学生的学习方向。

为此，我们在大学英语四、六级考试以及研究生入学英语考试等其他各类英语相关的考试中都可以有效地使用考试这根指挥棒，增加对中英文化知识内容的检测。因为应试者数量比较多，如果在试卷中体现文化教学的重要性，则能加快师生们对大学英语文化知识教育的观念转变，促使学生和教师在进行大学英语学习和教学过程中更加注重对中英文化内涵的认识。

学英语文化教学的评价体系既要关注结果，又要关注过程，保证学习过程评价和学习结果评价的和谐统一性。

（七）提出大学英语文化体验教学圆周

体验哲学的基本原则可以归纳为以下三个方面：心智的体验性，认知的无意义性以及思维的隐喻性。个体的范畴、概念、推理和心智是由其身体经验所形成，并且提供了日常推理和思维的认知基础，大部分推理和思维也不能被意识到。当个体进行体验学习时，体验者自身有些是有意识的学习，有些是无意识的学习。在大学英语文化体验教学中，当学生对某一个贯通性文化主题进行一系列体验时，他们进行的是有意识和无意识的共同体验，而且是显性文化知识和隐性文化知识的双重体验，在其过程中，个体的思维和认知有些是不能被意识到的。但是，在教师的协助下，在情景创设中，学生自身的体验，如自己经历、经验的联想、对于不同文化的实体以及事件的思考逐步加强，显性文化知识与隐性文化知识互相转换，形成一个个循环的教学圆周，从而形成大学英语文化体验教学圆周，则变成为一个可以意识到的步骤。因此，词汇文化教学圆周、语言文化教学圆周以及弥漫其中的思维文化教学圆周的提出为大学英语文化体验教学起到了架构的作用，同时也符合我国外语教学的国情，教学从词汇开始延伸到句子和语篇课文，成为一个递进的教学活动。在这种递进的教学活动中，在学生的语言表达能力渐渐加强的前提下，学生自身的文化能力随之见长。

（八）在文化教学中加强母语与目的外语化的比较与互动

随着我国社会经济的快速发展，在当前的外语界，文化教学的地位越来越高，也得到广泛认可。但我们应该明白，针对学习者来说，虽然要首先学习和掌握目的外语化，但目的外语化并不是文化教学的所有内容，在文化教学中，如果摒弃母语文化的话，学生无法形成正确的文化价值观，还会出现使跨文化交际过分倾向目的外语化的现象，最终导致跨文化交际失败。针对大学外语教师来说，在实际的教学过程中，可以加强中英文化差异性的对比分析，让学生明确中西方文化的差异性，促使学生以博大的胸怀接纳不同文化带来的冲击，以减少跨文化交际中不同文化差异带来的误解和矛盾。另外，学习者在学习外国文化的同时，还必须全面学习本土文化知识和母语文化知识。

创造目的外语化的氛围，使学生置身于外语学习时必要的外国文化氛围中，使其懂得应怎么说，在什么场合和环境中说什么话是得体的、恰当的，培养他们的交际能力。这样做还能避免学生把自己第一语言的文化观念带到第二语言习得中来。语言学习如在一个以该语言为主的环境中进行，这能使学习者较快和较易地理解到该语言的文化观点和态度。为了营造这种文化氛围，创设一个充满目的外语化的教学环境，老师可充分利用图片、幻灯片、电影、电视、录像等直观教具组织教学。教师应引导学生充分注意并辨别出电视中、影片中的中西文化差异，如打电话，偶遇，邀请别人，道别等。在这里，特别强调电视、电影英语教学节目对文化教学的作用。因为其中有丰富的文化素材和语言材料。很多时候，在影片中，除语言外，还用上了非言语交际，如手势，体态，表情，动作等。最后，还有一个重要环节是：当学生看完这些材料后，教师要加以有目的、适当的指点，开辟出一个专题让大家讨论。如指出影片中两个主人公之间的交流为什么失误，或者以道歉为例，讲出中英双方道歉的方式、方法的不同等等。最后，教师设置一个话题，让学生编对话，设想自己是什么人，谈什么事，应怎样谈。学生表演对话后，教师应指出学生表演中语言形式正确但不符合角色身份或场合的话，并提供正确的表达方式，从而培养学生对文化的敏感性。

（九）开展课后活动

在课后组织开展一系列有关文化习俗方面的讲座，介绍目的语国家与本国不同的风俗习惯。教师可以围绕一个文化中心题材，来组织一系列讲座的文化讲座，最后形成一个文化小系列。这种类型的讲座也可在课堂上安排，以每节课 5 ~ 10 分钟为宜，分别在接连的几次课中实施。

（十）形成英语教师与教材、学生之间的多维互动

大学英语课堂上的三个重要因素是大学英语教师、大学英语教材和大学生，这三大因素的联系构成了教学活动，这一点众所周知。在大学英语教学课堂上，大学英语教师的作用不只是知识传授者，更是一个“英语语言示范者”。大家都知道，语言是一个民族的象征、一个文化符号，大学英语教师本身即是一个跨文化交流实践者。在大学英语文化体验课堂活动中，互动是必不可少的，教师和教材之间的互动非常重要。教师对于教材的“二次开发”即是教师与教材的一种互动，即教师对于教材的理解与阐释，对于教材内容的显性化以及情景化体现出了教师和教材之间的“显性互动”，而教师处理这个过程的一些理念成为和教材的“隐性互动”，教师的课堂活动组织体现了教师的教学观，即与学生之间的互动。我们知道，当今的教学理念是“以学生为中心”的，尤其是建构主义教学观，他们认为，学生不是直接受益于教学材料中的知识，而是在与外部世界的互动中，联系自己的以往经验进行新旧知识之间的组合，从而进行知识建构。

总的来说，对于真正意义上的大学英语教学来说，不仅要学习语言知识，还要掌握语言知识的运用方法，在其本体要求当中，都已经融入了文化教学相关因素以及相关学习因素。随着网络信息化技术在教学中应用范围的不断扩大，大学英语文化教学也逐渐成了可能。大学英语文化教学同时兼顾了两方面的内容：语言方面的内容和文化方面的内容。且在大学英语文化教学中，还含有非语言的文化信息，文化教学是一次较理想的尝试。要想加强对大学外外语化教学的相关研究，必须加强对语言、文化、语言与文化关系的论述，强调语言与文化的不可分离性，且在结合文化教学有关理论和当前我国大学英语教学现状的基础上提出设想，最终明确大学外外语化教学目标和有效策略。

大学英语文化体验教学是以圆周制教学为基本方式，以体验为途径，以抛锚式教学为教学设计步骤，以社会语言学、建构主义为理论基础的教学。大学英语文化体验教学主要围绕五个文化主题进行，即文化产品、文化实践、文化个体、文化社群以及文化观念的互动教学。在教学过程中，多媒体技术是保证大学英语

文化体验教学顺利实施的基础，也是当今教育界经常讨论的一个话题，我们应该“用技术学习”，而不应该“从技术学习”。大学英语文化体验教学过程中，教师不再扮演一个“复读机”式的角色，教师不但是授课者，更是督导者、合作者、评判者，教师的脚手架作用从强到弱，帮助学生通过体验去感受、去思维、去建构，最终实现自己的学习目标。同时，大学英语文化体验教学要求教师对于教材必须进行有效的“二次开发”，为教师的在职专业发展提供了一个新的视角。

第三节　外语文化教学的基本原则

一、真实性原则

大学外外语化教学原则是比较多的，第一大原则就是真实性原则。对于英语教学中真实性问题的讨论来说，最早开始于20世纪70年代，具体讨论两大问题：语言材料的真实性问题和教材的真实性问题。

（一）语言材料的真实性

在实际的大学英语教学过程中，学生要学习的语言材料是比较多的，这些材料往往是为教学目的改编出来的，这些语言材料的优势比较明显，不仅存在系统、信息量大的优势，还具有课堂操作简便的优势等。但大量教学实践结果表明，单纯依靠这些语言材料是不能培养学生综合运用能力的，尤其是在非母语环境下学习英语，社会、家庭缺乏相应的语言环境，课堂几乎是学生唯一的语言习得场所。在该情况下，为学生输入充足的真实语言材料就变得十分重要。关于在课堂上使用真实语言材料的作用和意义，第一，真实语言材料具有非真实材料缺乏的一些特定言语特征。如听力教学中的真实材料中会呈现以下口语言语特征：不时地重复、说话人话语的重叠、犹豫、自我修正等。在原始对话材料被编入听力教材时，这些口语特征通常会被“润色”，以达到所谓顺畅的目的。第二，使用真实材料还会增加课堂教学的多样性，提高学生学习的兴趣。仅仅是重复训练一些枯燥的句型，或是为做题而听一些脱离实际的、带有浓烈书面语特征的材料，会使得语言学习索然无味，更谈不上提高英语学习效率了。

语言材料的真实性有多种表现形式。语言材料在内容应贴近学生生活。这里所说的生活包括他们课堂上下、学校内外的一切活动。通过学习这种真实材料，使学生感觉到课程学习的实用性，他们会感觉到不是在为学语言而学语言。在学习过程中，他们通过学习和应用英语去接触社会、表达感情、描述世界，这会给他们以成就感，从而大大激发他们的学习积极性。语言材料的真实性还体现在形式上。阅读、听力材料要多样性，既包括常见的文体，还应有非主流形式；词语选择要有生活指向，比如生活中沟通可以用到的但不太文雅的词语也应当包括在材料当中，让学生接触和了解这些词语材料也是我们生活当中的一部分；听力训练从一开始就让学生接触真实的东西，通过长时间的、反复的接触，学生会慢慢适应材料的语速、风格，提高真实的听力水平。另外，在输入大量真实性语言之后，还能从根本上提升学生的语言表达能力和语言输出能力。

（二）语言教学环境的真实性

交际性、任务型英语教学的实施，需要一个真实的语言环境。因此，帮助学生建立语境化的参考框架，形成主动的语义表达和推理机制，将成为提高学生话语理解和表述的有效途径。情景语境是一种物理语境，是言语交际与习得各种显性因素的总和。在课堂上，教师布置一项交际任务时，要尽量明确规定好各相关语境因素，并利用各种条件创设、补充缺失语境，使学生在特定的语境下加强语言操练，从而保证任务的真实性。现代教学手段的使用在一定程度上为在英语教学过程中创设真实的情景语境提供了便利条件。如通过利用多媒体手段，教师可以在课堂上实现英语教学材料的视听同步，使学生边听边看，仿佛身临其境。如要进行预订房间的活动，在开始前，老师应向学生讲明交际双方的角色，即服务员和顾客；要向学生讲明话语方式，即对话。与此同时，在大屏幕上放映某一宾馆的大厅前台、各类房间、价格等，增强学生的感性认识，从而帮助学生顺利地完成交际任务。相对于情景语境来说，文化语境参与交际的方式较为隐性，但这种参与却无时无刻不制约着交际的进程。

在实际的英语教学过程中，可以将日常生活交往中的中西文化差异进行总结归纳，这对学生进行跨文化交际能力的提高能起到积极的促进作用。在给学生布置任务时，教师应该事先分析学生在实施任务时可能出现的文化语境缺失，向学生讲解这些由价值观念、社会规范、民族性格、思维方式等引发的跨文化语用差异，不失时机地进行文化语境创设。通过对文化语境的创设，使学生能够在地道的语言环境中进行训练语言的使用，完成各种交际任务，提升学生的跨文化交际能力。

（三）教学环节的真实性

交际性英语教学要求实施任务型教学模式，就是学生在教师的指导下，通过感知、体验、实践、参与和合作等方式，实现任务的目标，感受成功，在学习过程中进行情感和策略调整，以形成积极的学习态度，促进语言实际运用能力的提高。它通过师生共同完成语言教学任务，使外语学习者自然地习得语言，促进外语学习的持续进行。

教师为学生播放一段录音，该录音主要描述了某个城市的具体旅游路线，引导学生边观察地图边听录音，从而进行相应的旅游路线跟踪，在录音结束后，学生的旅游历程也结束了。通过开展这样的任务型教学活动，不仅可以提升学生的学习积极性，还能提升学生的英语学习兴趣。另外，通过开展这样的教学活动，还能为学生听力训练提供合适的情景语境，激活了学生的概念体系，促进学生对语篇的深入理解。

（四）语言能力的真实性

衡量一个语言结构“用法”的标准时看它是否正确，而“应用”则应该用是否恰当来衡量。英语教学的最终目的是培养学生的综合语言运用能力，这种能力不是语法能力，而是一种语用能力。在英语教学过程中，对学生语用能力的培养要贯穿于英语教学的全过程，融于语言学习其他各环节的学习和训练之中。在课堂上，要结合实际情况设计和运用一些活动对学生进行跨文化语用能力的训练。近年来，英语教学领域非常注重教学环节的任务性、活动性，提出了语言学习的“任务型教学”模式。

对于该过程来说，其最终目的是传递情感，而不是为了生成简单的语言形式。在具体的教学活动设计过程中，教师要明确活动教学目的，要把活动设计成要求学生来完成的任务，且对于该任务来说，必须是真实的，是有针对性和可操作性的，促使学生快速完成任务，还要提升学生的语言运用能力。比如，我们训练学生如何发出和应对邀请，可规定一个特定语境，让学生通过讨论的方式逐步形成较为符合外国习惯的对话，然后再变换另外一种语境让学生进行表演，看看又是怎样发出邀请、怎样应对邀请，如此不断变换，直到学生基本掌握这一话题表达习惯为止。

二、传授与探索式教学原则

说教式的方法是一种通过讲座、讨论等形式进行的知识传授方法，它主要能促进学习者的认知和理解，有利于学习者学习和掌握语言和文化知识，分析和理解文化差异，这里的说教式可以理解为提出先行组织者，以及进行第一级教学圆周时所提到的被动心理体验，因为这时老师的脚手架作用还比较强大，学生可以进行演讲或者讨论，学习者在很大程度上处于知识的获取和对概念进行分析理解的阶段，但是教师的监督和导向非常重要。当进行第二级圆周教学时，体验就成为首选，教师需要注重传授和探索相结合的原理，在贯彻学生中心原则时，让他们在认知、情感和行为各方面受到刺激，去感受、体验语言的内涵与外延，一方面弥补了说教式的不足，另一方面，要让学生主动进行探索式学习。

文化涉及更多的是隐性文化知识，教师需要充分考虑学习者的认知发展水平和语言文化学习的规律，逐渐让学生从具体、直观的、与学习者日常生活联系紧密的实用问题开始体验探索，然后过渡到间接、抽象的意识形态领域，这也是渐进性原则的体现，并且在其过程中能调动学习者的各种学习潜能和机制，多层次、多渠道地进行教学。大学英语文化体验教学是以习得语言的整体性为终极目的的。不论是最先提出的“文化导入”还是后来的“文化教学”，首先要注意文化内容的适合性以及教学方法的可接受性，必须强调学生学习的自主性以及体验性教学途径，这符合当今教育理论界所强调的学生自主学习转向要求。

三、阶段性原则

阶段性原则主要是指在文化导入时必须充分考虑学生的语言水平，认知能力和生理，心理状况，注意循序渐进，注意由浅入深，由表及里，让学生逐渐理解文化内容的本质。这样可以提高学生学习英语和外国文化的兴趣，提高学生学习英语的效率。一般认为在初级阶段应介绍日常生活交往方面由于英汉文化的差异而引起的语言形式和运用的不同。主要表现在称呼、介绍、寒暄、告别、祝贺等方面，它们具有不同的模式和表达方式。

外语教学是循序渐进的。因此，文化教学也应依照学生的实际语言水平和领悟能力，与外语教学中的年级或等级同步进行，这也应成为文化教学的原则之一。这里的阶段性，一是指移入的文化知识本身应相对有序，不可过于零碎；二是指移入的文化内容应有自己的等级体系。

四、适度性原则

针对适度来说，即教师要在结合教学内容以及教学目标的基础上，适度地教给学生自身需求的文化和知识点，不能无限制地进行文化教学，也不能不考虑学生的实际学习情况和可接受能力，必须保证文化教学适度性和科学性。另外，适度性原则也是有限的教学时数的要求，缺乏针对性而宽泛、深入地介绍文化背景知识，势必占用宝贵的教学时间。所以，对于所谓的适度教学来说，最重要的是点到为止。一方面，要适应英语教学的需要，适度地传授英语文化内容。如属于主流文化的内容、有广泛代表性的内容，就应该详细讲解、反复操练、举一反三。英语教师还应正确处理好文化内容的历史性和共时性的关系，适当地引入一些历史内容，以利于学生了解某些文化习俗和传统的来龙去脉等等。另一方面，教学方法上要适度，就是要协调好教师讲解和学生自学的关系，教师讲解的文化内容是有选择的、有限的。因此，教师应该鼓励学生进行大量的课外阅读，增加文化知识的积累。

凡事都有个“度”的问题。“度”，分寸也。“适度”意即恰如其分。高明的教师之所以能够教育出德才兼备的学生，就在于他善于掌握教学的“分寸”。

（一）教学内容应适度

对于适度性教学内容来说，主要涉及教学的广度、难度、深度等主要方面。“广度”，指教学内容的涉及面，讲清某个问题有时需要旁征博引，但如果牵扯面太广，举例太多，讲解太啰嗦，学生会摸不清头绪，抓不住要领。所以教学中应大胆取舍，把重点、关键点讲透，围绕中心进行适当的拓展，力求每堂课解决几个主要问题，而不应面面俱到，包罗万象。教师“举一”精讲，诱导学生“反三”自学，由此及彼，触类旁通。这样不仅让学生学到了应有的基础的知识，而且锻炼和发展了学生的智力，培养了他们的能力。“难度”，指教学内容的难易程度。每章、每节、每框一般都有相对难或相对容易的内容，容易简单的内容与其由老师讲解，不如由学生自学，不太难的内容，教师可少讲、点到为止；难度较大的内容，教师要多举几个通俗、生动形象的例子，讲清讲透。因为难点问题一般是教材上极为关键的内容，不能突破，就会为今后的学习留下“后遗症”，使学生产生畏难情绪，失去学习的兴趣，影响教学效果。“深度”，指教学内容的深浅程度。教学中的重点问题应讲深些，非重点内容就应讲浅一点。当然这种深与浅不是绝对的，而是浅中见深，深中见浅。有些内容因学生年龄、知识基础的限制，或以后要详细、系统学的内容暂时不要求学生掌握，只要求学生了解、懂得，教师应根据教学大纲的要求和教学对象的年龄、知识特征，进行深入浅出的讲解。

（二）语言表达应适度

教师的语言表达能力是职业的特殊要求，是一种非常重要的基本功和职业修养，它直接影响教学效果。所以，教师要大力研究课堂教学语言艺术，提升自身的语言修养，提高自身的外语表达能力。课堂语言表达主要为口头语言，这是学生接受知识的主要渠道，又是衡量教师讲课质量的重要标志。良好的口头语言除了语言标准、口齿清晰外，还要注意讲话的速度、音调的高低。只有恰当的讲话速度，合适的音调，也就是抑扬顿挫，有快有慢，有高有低，有起有伏，才能产生良好的听觉刺激，从而专心致志地听课，提高教学效果。课堂书面语言即板书在教学中的作用比较大，它也是课堂教学的重要手段，是口述的补充。好的板书既能正确表述基本知识要点，准确说明知识的结构和逻辑体系。又能培养学生分析与综合、归纳与演绎等思维能力，还能使人感到赏心悦目，产生良好的视觉刺激，形成清晰而深刻的印象，既有助于理解，又方便于记忆。好的板书，就是字迹工整、大小合适、书写位置得当、内容简明扼要。人体语言在课堂教学中的作用也比较大，讲课中以姿态、手势、面部表情等手段来交流信息、情感和意向，可以从根本上提升课堂教学效率。有些课堂内容本身比较抽象难讲，学生的注意力不易集中，如果使用恰当的、富于变化的手势、姿态、表情、眼神等，配合语言进行讲解，则有消除某些课的单调乏味感，吸引学生的注意力，激发学生的学习兴趣，丰富课堂教学内容，从而优化教学效果。使用人体声言时应讲究繁简适度，不可变化过于频繁，也不可变化过小。太频繁则会使学生眼花缭乱、精力分散、影响教师信息传递的精确性和教学效果；手势太少、动作幅度过小、速度过慢又会给学生传递一种拘谨、呆板和僵化的感觉信息，缺乏生气和感染力。

（三）课堂提问应适度

在课堂教学过程中，课堂提问环节是必不可少的，通过课堂提问，教师可以及时了解学生的听课情况和学习情况，及时采取相应措施，并及时调整课堂教学方案。这样不仅可以避免学生课上开小差，还能调动学生的学习主动性，从根本上提升学生的思维创新能力，促进对学生智力的开发。但对于课堂提问来说，也要遵循一定的原则，要遵循适度原则，主要表现在四大方面：第一，要保证难易程度适度性。如果提问的问题过于简单，学生可以脱口而出答案，这样的提问是没什么意义和价值的，而问题过难和过于深奥的话，会让学生变得急躁，甚至让学生丧失学习自信心，难易适度是使学生“跳一跳摘到果子”，即在教师适当的诱发和指导下，学生能在积极思考后回答出来。第二，要保证数量适度性。如果整节课都是教师提问，不与其他形式穿插进行，学生始终精神高度紧张，就会产生厌烦心理，一节课自始至终都不提问，只有教师一个人在唱独角戏，搞满堂灌，学生的注意力不会持续地集中，所以适度的提问应当是讲与问穿插进行，以讲为主，以问助讲。第三，要保证速度适度性。要给学生留思考的时间，这样才能促进对学生思维能力的培养，在短暂的上课时间里解决几个实际性问题。第四，要保证教学时间适度性。

五、实用性原则

在课堂教学中，只有实用才能使教学有效。所谓实用是对学生、教材的双边活动的实用，能让学生学到知识。对于大学英语教师来说，可以有效运用 EEPO 教学模式，且在运用该模式进行教学的过程中，要严格遵循实用性原则，在考虑 EEPO 教学模式要素和以及学生实际情况的基础上，选择借鉴运用的教学方法，优化课堂教学效果。在实际的课堂教学过程中，不能只追求形式而缺少内容。通过有效应用 EEPO 教学方法，可以在短时间内取得实用的教学成效。其实，无论是哪种教学模式，都必须坚持实用性原则，只有这样才能保证课堂教学有效性。

实用性原则要求传授的文化内容与学生所学的语言内容紧密相关，与日常交际所涉及到的主要方面密切相关，同时也考虑到学生今后所从事的职业性质等因素。换言之，这些内容应该是很实用的，也就是说在一般性跨文化交际中会经常用到，并可以促使这些交往顺利有效地进行下去。这样可以激发学生学习英语语言和英语文化两者的兴趣，产生良性的循环效应。文化学习的内容不可能面面俱到，我们只能有选择性地把英语文化知识传授给学生。具体来说，应着眼于英语现实生活中的文化现象，优先传授给学生的应当是对学生交际作用较大的、现代的、占主导地位的文化内容，因为人们的交际是与现代的、占主流地位的普通人的交际。

六、渐进性原则

语言教学是循序渐进的过程，英语文化的教学也就应遵循循序渐进的原则，相应地分阶段进行。教学时使语言教学与文化教学相辅相成，文化教学的重点、方式等，要根据学生的语言知识基础、接受和领悟能力等具体情况而定。比如对程度较差的学生，教师应该以帮助学生了解课文本身所提供的文化信息为主，避免引进外来内容。对进入大学英语基础阶段后半段的学生或基础较好的学生来说，可传授更丰富的、更“隐性”的材料。如果教师不顾学生的实际情况和教材内容进行教学，是无法从根本上提升学生学习效率的。

渐进性原则是大学英语文化体验教学顺畅进行的必要原则。大学英语教学处于外语环境，学生对于语言的得体性使用没有清晰的认识，即使是语言流利也不能保证它的得体性。因此，大学英语文化体验教学只能从老师提供先行组织者材料开始。首先是被动的心理体验，然后才是角色扮演等主动实践体验，并且教师的脚手架作用慢慢减弱，从而让学生对于语言材料获得渐渐熟悉的体验，并借此不断创造新的最近发展区。

第六章　外语教学的策略与评估

第一节　外语口语教学策略

一、外语口语教学的内容

外语口语教学是以培养学习者的口头交际能力为目标的课堂教学，其教学内容大致包括三个方面。

（一）教学生利用语音、语调表达正确的意思

语音、语调具有一定的表意功能，人一开口说话就必然会涉及到语音、语调，如高低起伏、轻重缓急、音调音质等。教学中教师不仅要关注句子层面的语音、语调，而且更要关注口语语篇中的语音、语调。

（二）让学生了解口语的特征

口语有其自身的语法和词汇。例如，在口语语篇中，当谈话内容涉及听者的时候，疑问句通常省略主语和辅助动词；口语中常见的词汇模式是重复单词、使用同义词和反义词等，了解口语的特征有利于提高学生说的得体性。

（三）让学生掌握交际的知识和互动的技能

怎样开始说话是一个重要的问题，怎样结束谈话也是一个值得研究的问题。在口语教学的过程中，教学需要引导学生掌握下面一些口语交际的技能。

话轮转换技巧对会话的成功起着至关重要的作用。话轮转换对于本族语者来说很容易而且很自然就可以学会，但对于二语学习者来说却是不容易的事情。

口语教学还应培养学生在互动中进行意义磋商的技能，如澄清请求（clarification request）、确认检查（confirmation check）和理解检查（comprehension check）等。具体到教学过程中，外语口语教学的内容包含了语音训练、词汇和语法、

会话技巧等。

1. 语音训练

语音教学的目的在于让学生掌握正确的语音和语调，包括重读、弱读、连读、音节、意群、停顿等。错误的发音、语调会造成他人的理解困难，甚至误解。因此，语音是学生外语口语学习中必须掌握的内容。

（1）语调

语调是指语音的“旋律”，也就是声调高低的变化，这种变化在很大程度上是由重音控制的。外语语调分为上升调和下降调，不同类型的句子使用的语调不同，表达的含义也不同。

（2）节奏

外语中的节奏是靠重读音节与轻读音节的组合与重复来实现的。各重音节与它跟随的若干轻读音节构成一个节奏群。一般而言，每个节奏群朗读的时间大致相同，这又减弱了语言的节奏感。因此，为了取得更好的节奏效果，轻音少的节奏群一般要念慢些，轻音多的节奏群则要念快些。两个重音之间的轻读音节越多，每个轻读音节分配到的时间便越少。有时一个节奏群是一个空拍开始的，后面紧跟着几个轻音节，这样的节奏群常出现于句首或句中需要停顿的地方。

2. 词汇和语法

（1）词汇

语言能力的培养是交际能力培养中至关重要的一环，而词汇则是使交际得以进行的语言能力的核心。在交谈过程中，当合乎交际礼仪的交流框架构建起来以后，人们的交流就要依靠词汇来进行填充。在外语教学中，许多学生对单词的所谓“掌握”只是一般性的识记中文释义和会拼写，却不能脱口而出地使用词语造出句子。也就是说，语言交际框架的最基础阶段和层次的问题没有得到解决，在这种情况下学生的口头表达能力很难得到提高。因此，学生外语口语能力差的最根本原因之一是词汇掌握程度差。从这个意义上说，口语教学的内容离不开词汇教学，且词汇教学应该交际化。要实现词汇教学的交际化，口语教学须从语音，即从单词的音、形、义的练习以及词的搭配、造句入手，扩大学生的积极词汇，这不仅是提高学生外语口语能力的有效途径，而且是提高学生外语口语能力的前提和关键。

（2）语法

语法是组词成句的规则，是正确表达的一个重要前提。在我国传统的外语教学中语法一直处于中心位置，尽管如此学生对语法的掌握也多是机械记忆、缺乏变通，不能熟练地应用到口头交际中。因此，语法教学仍然是口语教学的重要内容，而且也应走交际化、实用化的路线，这是口语语法教学的关键。语法教学交际化包括以下几个方面。

①向学生讲授口语句型的特点，并对此进行专项训练。

②训练学生熟练地使用语法句型表达自己的思想。

③训练学生听懂特定的口语句型。

词汇是表达的基础，语法是表达的规范，离开了词汇和语法也就无法表达。有的教师和学生把词汇教学、语法教学与口语教学对立起来，这是口语教学中的一个严重认识误区。事实上，词汇和语法都对学生的口语表达技能起着至关重要的作用。

3. 会话技巧

语言学习的目的就是交际，要想达到有效的语言交际就应掌握一定的会话技巧，这对口语的顺利进行有着十分重要的促进作用。下面根据开始谈话、谈话中和结束谈话三个方面来介绍一些外语课口语课上常用的句型。

（1）开始谈话

谈话之前首先要引起别人的注意，这样才能顺利展开交际。

（2）谈话中

谈话过程中根据不同的交际需要，交际双方还会用到很多谈话技巧，如获取信息、表达观点、征求意见、承接话题、转换话题、拒绝答复等。①获取信息；②表达观点；③征求意见。

（3）结束谈话

谈话结束后，交际者出于礼貌要先表示歉意或表达自己对这次谈话的评价，然后提出离开，结束谈话。

4. 语言文化

在外语口语交际中，文化知识也是必不可少的。众所周知，文化对语言有着深远的影响，这种影响主要表现在两个方面：一是对词语的意义结构的影响；二是对话语的组织结构的影响。交际的得体性要求学生必须掌握一定的文化知识，包括普通的文化规则和不同文化之间的交际规则。这就意味着学生不仅要具有良好的语言能力，还要具备一定的文化知识，以使自己的语言符合所处的语言环境、文化氛围。

二、外语口语教学策略

外语口语教学策略是在口语教学目标确定之后，根据已定的口语教学任务和学生口语水平等特征有针对性地选择与组合相关的口语教学内容、教学组织形式、教学方法和技术形成的具有效率意义的、特色的口语教学方案。口语教学能否成功在很大程度上取决于教学的策略性，在此我们主要从创境策略、展示策略、训练策略、文化导入策略和功能评价策略五个方面来论述具体的外语口语教学策略。

（一）创境策略

学习是一种真实情境的体验，只有在真实情境中学习才能变得更为有效。实践证明，如果教师能为学生营造出各种真实的语言情景，不但可以促进学生积极主动学习，还可以加快学生掌握实际应用外语能力的速度。因此，教师应该把真实的社会语言情景引入口语课堂，加强语言与情境的紧密结合，使抽象的语言教学情景化、形象化、具体化，更贴近于日常实际生活中自然交谈的形式。

1. 创境的主要形式

（1）角色表演

角色表演是情景教学最为主要的教学手段，也是深受学生喜爱的口语练习方式。因为这一方式给学生提供了在不同的社会场景里以不同的社会身份来交际的练习机会，把学生从机械、重复、单调的练习中解放出来，从而为有效的交流提供了条件。教师可以让学生自己进行角色分工，只是适时给予相应的指导，让学生在排练完之后进行表演。表演结束后，先让学生从表演技巧、语言运用等方面发表建议，最终由教师对学生的表演进行总结和点评。

（2）配音

这一方式同样可以很好的锻炼学生的口语表达能力。教师选取一部电影的片段，首先让学生听一遍原声对白，并且把其中比较难以理解的语言难点讲解清楚，之后再让学生听两遍原声并尽量去背诵这些台词，然后把电影调至无声，由学生模仿电影中的角色进行配音。配音的方式不仅缓解了学生说外语时的焦虑感，而且增强了学生的自信心和成就感，同时还能让学生学到最地道的语言。

2. 创境注意的方面

教师在为学生创设情境时要注意情境主题的真实性，选择那些最自然、最常用、最典型、最适合言语交际的情境，同时还要与学生的生活、学习密切相关，这样可以帮助学生把所要学习的内容和创设的情境相联系，使学生“沉浸”在真实的情境中，习得语言时不会产生任何的焦虑以及压力，从而培养其在现实环境的情景中自然输出语言的能力。另外需要说明的一点是，教师选择的情境必须与教学目标相一致。

（二）展示策略

展示策略主要涉及两个部分，即展示的方式和展示的原则。

1. 展示的方式

（1）按展示主体划分

按照展示主体的不同，展示方式可以分为学习者展示和教师展示两种类型。

①学习者展示是指展示由学生完成，多属于归纳展示。学习者展示可以更好地发挥学生的主体作用，训练学习者的分析能力。在展示中，学习者通过对材料的分析来发现表达方式，自己总结规律，从而提高学生的自学能力。

②教师展示是指从教师的角度出发，由教师进行展示。一般说来，演绎展示多属于教师主体展示，另外归纳展示中如果是教师根据材料归纳讲解，一样属于教师展示。

（2）按对材料的使用划分

展示的方式很多，按照对材料的使用可以分演绎展示和归纳展示两种类型。

①演绎展示是教师根据教学的需要直接介绍，然后举例说明表达的方式，设计语境进行练习。

②归纳展示是对文本材料、视频材料等材料的分析呈现表达方式。一般情况下，首先听对话、观看视频，然后根据对话和视频的话题呈现功能，进而组织学生分析对话语言找出表达的语言形式。

（3）按展示所用材料划分

从展示所用材料的不同来分，展示可以分为多媒体辅助展示和无辅助展示。

①多媒体辅助展示是指在展示功能时借助多媒体设备，如幻灯片、动画、视频、网络等展示对话材料，通过所展示的功能，所使用的语言和副语言呈现给学生。

②无辅助展示是指在教学中使用纸介文本，或者是现场的对话，利用黑板等设备呈现功能以及表达方式。在那些不具有现代教育技术，不具备使用多媒体、网络等现代教育技术的学校，无辅助展示是十分常用的手段。

2. 展示的原则

（1）经济原则

经济原则是指以最小的投入获得最大的产出。任何事情的投入都讲究经济原则，对学生进行材料的展示也不例外。经济原则要求用最少的时间、最小的精力投入、最低的财力投入获得最好的展示效果。比如，教师要为学生进行材料展示，如果手中教科书没有配套的食品材料，最好选择多媒体。而如果没有合适的视频，教师又想自己制作 flash 动画，但又不具备技术优势，需要请人帮助制作，就不如选择纸介文本，这样将节省下来的时间充分地用到课堂上才更能体现其价值。

（2）简易原则

简易原则要求展示应该尽可能地简单明了，不要把简单的事情复杂化。在多媒体技术高度发达的时代，尽可能使用多媒体技术已经成为人们追求的目标，但是值得注意的是，不要为了使用多媒体而使用。简易原则就是如果能够用无辅助展示的比较清楚，就不用多媒体展示，要尽量少用一些设备，不必无端地增加设备应用量。

（3）效果原则

效果原则是指展示方式的选择应以能够保证达到最佳展示效果为标准。如果无辅助展示的效果要弱于多媒体设备展示，并且学校又具有配套的设备，那么从效果原则考虑，最好使用多媒体展示。从这一方面来讲，简易原则应该服务于效果原则。

（三）训练策略

教师在对学生进行训练时要使用合适的训练方式，遵循正确的训练原则，以保证训练的效果。

1. 训练的方式

（1）控制性反应活动

控制性反应指教师根据功能的需求设计训练的语境，学习者根据语境提示做行为反应或者语言反应。语言反应应用范围比较广，可以用于任何阶段的教学。语境的提示可以用图片、语言、视频材料等，视具体的功能要求、学习风格和学习者的多元智能倾向而定。例如，在主动提供帮助功能的训练中，教师可以给出学习者若干图片，提示需要帮助的几个语境，学习者看到语境说出可以用什么语言提供帮助。

（2）图画信息沟

信息沟是口语教学活动中经常采用的手段。因为在一般情况下，交际双方所持信息皆不完整，都需要通过询问对方获取信息后才能补全自己的信息。这一教学手段可采用的方式有很多，主要包括图表填充活动、问答活动、操作程序补充活动、调查活动、信息卡对话等。

（3）观点沟活动

观点沟活动与信息沟活动类似，但二者涉及的内容不同。在观点沟活动中，不同交际对象的回复可能存在差别，但是回复的信息没有对错之分，因为不同的情境下的反应也会有所不同。

（4）角色扮演活动

角色扮演也是口语训练中经常采用的活动形式。角色扮演与两个学生一起朗读有本质的区别：其一，角色扮演中有信息沟，两个人要通过对话才能了解信息。其二，角色扮演要求教师提供一个新的语境。其三，角色扮演中每个角色具有一定的自由度，可以有自己的发挥。

2. 训练的原则

在具体的口语训练过程中，教师应该遵循如下的原则。

（1）质量原则

质量原则要求训练的效果以准确和得体为标准。也就是说，训练要保证学生能够在适当的场合使用适当的表达方式进行口语训练。在实践中，不同的场合、不同的话题、不同的目的、不同的对象对语言的要求不同。需要注意的是语言必须形式正确、表达流畅，只有使用准确的语言，符合语域的要求，训练才算符合要求。

（2）真实原则

只有设计真实的语境，或者在现实生活中有可能发生的语境中进行练习才能体现交际性。在模拟的语境中，我们可以设计不止一个语境，让学习者反复运用需要练习的句型。在模拟的真实环境练习口语，学习者可以有充分的准备过程。同时，学生可以反复在同一个语境中运用所学对话，直到他们感到满意为止。

（3）数量原则

这一原则是指训练不能是一次性的行为，在针对同一个功能或同一种表达方式时，其训练必须达到一定量的要求。这要求教师可以提供多种类似的语境使学生能够运用同一种方式表达思想。

（4）交际原则

交际原则是为了使学习者能够了解功能在具体语境中的意义，为使学习者了解语言和副语言的交际功能。因为训练的目的是交际，故交际性在训练中起着十分重要的作用。要贯彻交际原则就有必要赋予训练交际目的，通过信息沟、观点沟、角色扮演活动训练学习者使用某种策略的准确性。

（四）文化导入策略

1. 文化导入的方式

（1）结合教材导入

这种方式是最自然、最直接的导入。教师在教学的过程中可以结合教材并且根据每堂课的教学目标，向学生介绍一些与之相关的文化背景知识，扩大学生的知识量。例如，在有关日常食物的口语课上，教师可以向学生介绍与西餐有关的文化常识，并扩展与之相关的词汇及餐厅用语，让学生了解国外的饮食习惯及风俗等。

（2）对比导入

在外语口语教学中将主体文化与客体文化进行对比分析，是一个帮助学生构建客体文化行之有效的教学方法。这种方法不但把文化学习贯穿到整个口语教学过程中，还培养了学生的自主学习能力。教师把任务提前布置给学生，让学生在课前充分查阅资料，然后让学生在每节口语课前轮流讲解，教师给予适当补充，使学生的主动性与积极性发挥。需要提及的一点是，在进行两种文化对比时要确保二者的内容具有可比性，即应是“同质”比较。

（3）运用多媒体导入

外语学习在我国存在的一个普遍现状，就是学习者是在汉语的环境下学习外语，缺乏真实环境下对目的外语化的感受。多媒体的运用可以克服这一现状的不足，因为多媒体能再现真实的情境，使学生产生身临其境的感觉。随着科技的发展，有些多媒体还能与学生进行互动式的交流，从而激发学生的学习热情。可以说，多媒体的运用对口语教学中文化的导入起着积极的促进作用。

2. 文化导入的内容

文化对语言的影响和制约主要体现在两个方面：一是词语意义，二是话语组织。为了让学生能够在跨文化环境中成功进行交际，就必须弥补他们在社会认知上的缺省，因而在教师在口语教学中加强词外语化和话外语化内容的导入就显得尤为重要。

①词外语化的导入内容主要包括：习语、词语在文化含义上的不等值性、字面意义相同的词语在文化上的不同含义，以及民族文化中特有的事物与概念在词汇语义上的呈现等。

②话外语化的导入内容主要包括：话题的选择、语码的选择、话语的组织等。语言是承载文化信息、反映人类社会文化生活的工具，是文化的重要组成部分。

任何一种语言都与某一特定的文化相对应，由于思维方式、观念、信仰、历史文化、社会背景等社会因素的差异，在面对同一个交际场景时，不同文化背景的人会有不同的认识体验，在某种程度上来讲，这就是所谓的社会文化差异性。外语口语作为一种重要的交际语言，教师在教学的过程中应加强文化因素的导入，培养学生跨文化的交际能力，帮助其构建和完善跨文化交际的目的。

（五）功能评价策略

外语口语教学中的功能评价策略包括形成性评价、终结性评价。形成性评价可以是课堂教学过程之中的评价，也可以是学习者在整个学期中口语发展的历程性评价；总结性评价可以是课堂教学中的目标达成评价，也可以是学期结束时的口语能力评价，同样也包括水平测试中的口语部分语言功能应用能力的评价。

1. 形成性功能评价

（1）课堂教学中的形成性评价

课堂教学过程性的形成性评价是教学设计所关注的核心内容。它要求教师能够把课堂教学的功能目标分解成几个阶段性评价目标，然后根据每个阶段性目标的特点设计相应的评价活动。形成性评价主要是对学习者阶段性目标的诊断，如果没有达到目标，其原因是什么，接下来的活动应该如何开展。根据形成性评价的要求，课堂教学过程中教师要通过自己的课堂观察与学生之间的对话诊断学习者的学习进展，为学习者功能方面的发展提供自我建构的环境。

（2）学习历程中的形成性评价

学习历程中的形成性评价要求教师通过建立学习文件夹、学习者会议、功能发展自我监控、学习日志等评价学习者的功能学习。尤其需要关注的是，教师要为学习者设计过程性发展的学习方案或学习活动，帮助学习者开展自主学习，通过课外的自主学习来发展自己的语言交际能力。

2. 总结性功能评价

总结性评价是一种结果性评价，是在某一相对完整的教学阶段结束后对整个教学目标实现的程度做出的评价。总结性评价通常发生在课堂教学结束、单元结束和学期结束，以及学业结束时进行，用于确定教学目标达成的程度。总结性评价可以根据学习者的具体情况采用不同的评价标准。

（1）课堂教学中的总结性评价

任何课堂教学中总结性评价都必须以满足课堂教学目标为标准，口语教学中的总结性评价也不能例外。与其他课堂教学中的目标达成评价不同，口语教学中的目标达成评价可以采用应用性活动。也就是说，应用阶段的产出性活动本身就可以作为目标达成评价活动。

（2）交际能力评价

交际能力的评价必须贯彻真实性原则和任务性原则，通过学习者完成真实的交际任务评价学习者的交际能力，评价学习者的功能实施能力。学校的期中、期末考试中的口语评价以及水平测试中的口语评价应该属于交际能力评价范畴。需要说明的是，水平测试中的交际能力评价在评价标准上的要求是统一的，而课堂教学中的总结性评价可以根据学习者的具体情况采用不同的评价标准。

（3）口试评价标准

目前，外语口语的评价多从四个方面进行：语音，总体可理解度，语法，流利程度。

第二节　外语阅读教学策略

一、阅读过程的特点

在阅读过程中，有几个层次的因素在起作用，包括词语识别、句法分析、语境知识等。阅读时，各个层次（可以是高或低一层次）的知识互相补偿。

阅读活动是一种多种因素、多向交流与反应的复杂解码过程。解码依据来自文字、语言、语用、世界等方面的知识。语言知识具体为语音、语法、语义等知识。世界知识中包括一般知识和专业知识。语用知识涉及到人际交际修辞规则和语篇修辞原则等。所有影响阅读过程的因素都处在不同的层面上，任何一个都可能与另一个发生互动关系，影响对阅读材料快而准确的理解。

二、外语阅读能力的跨语言迁移

关于阅读能力，认知派认为，读者——文本之间的交互作用可再分为三个子过程：解码是从印刷文字中直接提取语言信息的过程；文本信息建构是将提取的思想整合起来发现文本意义的过程；情境模型建构则是将组合起来的文本信息与先前知识融合的过程。

二语读者与一语读者的差异在于：首先，二语读者的一语读写经验可在很大程度上促进二语阅读能力的发展；其次初学阅读的一语读者在接受阅读教学之前就已通过口头交际奠定了基本的语言基础，而二语阅读教学则开始于掌握足够的二语知识之前；一语阅读教学强调解码能力，以帮助学习者将印刷文字与口语词汇联系起来，而二语阅读教学则重视语言基础的建立；最后，一语阅读的信息加工是在单语中进行的，而二语阅读则需要两种语言的参与。

三、阅读教学的目的与内容

阅读分三层，即字面阅读（read the 1ine），推理阅读（read between the lines）和形象阅读（read beyond the lines）。字面阅读是对阅读的最基本要求，推理阅读则指读者能依据文章的细节材料推测出作者的言外之意、弦外之音，根据字面意思进行必要的推理、推论。形象阅读要求读者能将阅读材料与真实的生活联系起来，特别是与读者自身的经历、知识、观点联系起来。阅读应能激发学生的思维能力、想象能力和创造能力。阅读的层次也为阅读教学提出了层次要求，使阅读教学有了明确的目标和需要训练的内容。

（一）阅读教学的目的

具体说来阅读教学的目的包括：①培养基本的理解技能；②培养真实生活阅读技能；③培养灵活的阅读技能，使学生可以根据不同的阅读目的选择不同的阅读方式；④培养批判性阅读能力；⑤培养自主阅读者，即使学生能够自己决定阅读的目的、选择适当的阅读方式、监控阅读的过程、评估阅读的效果；⑥增强学生的语言知识，社会文化知识和阅读知识；⑦减少读者背景知识的依赖性，帮助其掌握词语自动解码的技能。

（二）阅读教学的内容

阅读教学应以培养学生的各种阅读技能为主要内容，包括：①辨认语言符号，猜测陌生词语的意思和用法；②理解概念及文章的隐含意义；③理解句子言语的交际意义及句子之间的关系，通过衔接词理解文章各部分之间的意义关系；④辨认语篇指示词语，确定文章语篇的主要观点或主要信息；⑤从支撑细节中理解主题；⑥总结文章的主要信息；⑦培养基本的推理技巧；⑧培养跳读技巧；⑨培养阅读技巧；⑩将信息图表化。

四、外语阅读教学的基本原则

阅读教学的五项原则：第一，成功的阅读往往需要读者进行一系列积极的活动，包括认真理解词义、了解作者所要传达的信息、明白其中的逻辑关系、考问自己是否同意作者的观点等；第二，学生应该进入到阅读材料所描绘的内容中去；第三，关注语言内容和关注语言形式同等重要：第四，鼓励学生调动自己已有的相关知识，对正在阅读的内容进行积极的预测，以推动阅读理解的顺利进行；第五，教师必须针对阅读材料的主题内容，结合学生的实际情况，设计出适当的阅读任务。

（一）选择适当的教学模式

阅读教学模式有三种：自下而上、自上而下和交互补偿。由于第一种和第二种都有其局限性，所以一般以采用交互模式为佳。尽管很多研究都好像在说自下而上的模式应该受到重视（构成阅读困难的主要是词汇问题），但如果阅读教学太注重词汇的训练则会剥夺学生对阅读的兴趣，因为在阅读中令学生感兴趣的不是故事的词语，而更多的是故事本身（包括其中的人物，事件，蕴涵的哲理、观点和思想等），故事的知识性与趣味性等等。所以，阅读教学所应采取的模式应是以自上而下的模式为主，以自下而上的模式为辅。

（二）尽早开展阅读教学

阅读的内容很广，可以是一个单词，一个短语，一句话，一个完整的语篇；可以是只言片语，也可以是长篇大论；可以是独白，也可以是对话；可以是诗歌、散文，也可以是小说、评论等，从学习者看到外语字母的时刻起，阅读就已经开始。因此，应尽早开展阅读教学。

（三）采用三段教学步骤

阅读教学的开展应包括“读前活动（before-reading）”“阅读活动（while-reading）”和“读后活动（after-reading）”三个阶段。这种方法被称作整体阅读（Holistic Reading），它的目的是把精读与泛读融合在一起，并且在一篇教学材料中进行语言技巧与阅读技巧的训练。“读前活动”为阅读的导入阶段。在此阶段主要的任务有两个，一是背景知识的激活，二是提前学习新词。教师应根据学生和阅读材料的具体情况选择适当的操作方式。

（四）阅读教学注意事项

第一，建立阅读实验室提供个体阅读指导，并且提供课程以外的阅读技巧和阅读策略的训练；

第二，鼓励持久的默读以促进阅读的流畅、增强自信，提高对阅读材料的欣赏力；

第三，注意激发学生的背景知识。如果学生不具备足够的背景知识，应提供最起码的背景知识帮助其理解所要阅读的材料；

第四，具体阅读技巧和阅读策略应置于训练的首要位置；

第五，技巧和策略的选择应根据教育的环境、学生的需求和教学的目标来定；

第六，应经常组织小组活动和合作性学习，使学生可以就阅读材料展开讨论，共同处理阅读中的有关信息，探索解决复杂问题的不同方式；

第七，鼓励学生大量阅读，学生是“通过阅读学会阅读”的；

第八，进行快速阅读的训练，这将有助于促进解码的自动化；

第九，阅读的策略教学应采用显性的教学方式。显性阅读教学包括教师的示范、直接操练和评估；

第十，阅读中给学生充分的自由，让学生自己确定阅读的材料，阅读的目标和需采用的策略；

第十一，尽可能采用合作性阅读，培养学生的合作精神；

第十二，阅读中问题的提出应切合学生实际，反映学生的需求，适合学生的口味，激发学生的动机。

（五）培养流畅的阅读者

流畅阅读指快速的、有目的的、交互的、理解性的、灵活的阅读。它是通过学生的长期努力不断发展的结果。从某种意义上讲，阅读教学的目的就是培养流畅的读者。

在流畅阅读训练中应注意：①鼓励学生每天阅读新故事并且回读读过的故事；②逐步增加阅读材料的难度；③将阅读信息与学生感兴趣的其他事件相联系，组织学生进行讨论；④不论是阅读故事性材料还是阅读知识性材料，要鼓励学生反思；⑤示范理解策略，提供指导性的帮助；⑥训练跳读和览读的阅读技能；⑦训练学生根据上下文猜测词义的能力；⑧帮助学生确定阅读目标，选择适当的阅读策略；⑨训练学生处理各种疑难句法、词语和组织结构的策略；⑩大量地、反复地训练学生单词解码的自主性。

第三节　外语教学评估策略

一、外语教学评估概述

外语教学评估是指外语教学中所有相关的用来测量与评估的方法，主要是为了诊断教师和学生教与学过程中的障碍，从而保证学习目标的顺利实现。

（一）教学评估的概念

为促进语言教学课程的改革并在其相关机构的范围内评估它的有效性而对一切有意义的信息进行系统的收集和分析。关于教育评估的概念，大体上有以下几种：①着眼于信息，强调通过评估收集信息，为教育决策服务；②着眼于方法，强调评估是成绩考查或调查的方法；③着眼于效果，强调通过评估判断教育目标或教育计划的实现程度；④着眼于过程，强调评估是信息收集的过程、提供决策依据的过程、判断效果的过程、教育优化的过程以及价值判断的过程等；⑤强调价值，强调教育评估的关键在于价值判断。

教学评估是大学外语课程教学的一个重要环节。全面、客观、科学、准确的评估体系对于实现课程目标至关重要。它既是教师获取教学反馈信息、改进教学管理、保证教学质量的重要依据，又是学生调整学习策略、改进学习方法、提高学习效率的有效手段。总的来说，教学评估是根据教学目的和教学原则，利用所有可行的评估方法及技术，对教学过程和预期的一切效果给予价值上的判断，目的是提供信息、改进教学和对被评估对象做出某种资格证明。

（二）教学评估的内容

教学评估包括评估者、评估对象和评估过程三个要素。这些要素不仅决定了评估的结果，还决定了评估的内容，即学生评估、教师评估、过程评估、管理评估和课程评估。下面我们就来具体介绍外语教学评估的内容。

1. 学生评估

一般来说，对学生的评估具体包括以下几个方面的内容：学力评估、学业评估和品德与人格评估。

（1）学力评估

对学生的学力评估是教学评估的重点之一。要做好学力评估，首先要了解学力的概念。所谓学力是指学生在学业上达到的程度，包括两层意思：一是指学习者通过学习所达到的在知识、能力、技能技巧等方面的水平；二是指在现实水平上所具备的今后学习的潜力，即学习的实际可能性。

由此可见，学力是一种综合的素质和能力，同人类观、发展观、教育观、学校观密不可分，受到时代与社会对教育与学校的要求的制约。因此，学力的内涵以及学力观不是一成不变的，而是会随着时代的发展、社会的变化而不断地发生变化。但不管怎样变化，有两点是不会变的：其一是强调学力是对知识、技能的掌握，以此形成某种能力；其二是强调学力是教育、教学的结果，注重学校、教育的作用，即学力的形成更多地依赖后天的学习和培养。

学力评估的目的是了解学生学习的状况及个体差异，为教学提供反馈信息，有助于教师对自己的教学进行适当的调整和改进，从而培养学生的综合能力。学力评估可通过采取多种方法进行，如标准学力测验、智力测验、实验法、观察法、评定法等。学力评估不仅有助于改善促进教与学的成果，对培养学生的元认知监控也有积极的影响作用。

（2）学业评估

学业评估是根据学科课程标准中规定的学习目标和学习内容而对学生的学习过程和成果进行的评估。它通常以测量为基础来展现学生的学习进展和学习成果，并据此做出价值判断，具有一定的补救、促进和协调功能。

学业评估可采取多种多样的评估方法，如诊断性评估、形成性评估、总结性评估、安置性评估等；可使用的测量工具也有很多，如诊断性测验、自我报告清单、预备性测验、成就性测验、教师自编的掌握性的测验或标准参照性测验等。在对学生的学业进行评估时，灵活使用这些评估方法和测量工具有助于全面评估学生的学习状况与结果。

学业评估的实践的开展比较复杂，其中存在诸多矛盾和问题，尤其是对评估理念的把握和评估方法的运用，给教学评估造成了不小的障碍。为了使学业评估更加清晰明了，我们必须清楚了解学业评估的四种模式，即目标模式、主体模式、诊断模式、过程模式。

①目标模式

目标模式认为学业评估就是要将学生的学习成果和教学预期目标进行对比。它将学校视为工厂，注重课程目标价值，通过终极性评估来为课程决策服务。

②主体模式

主体模式认为学业评估是评估者与被评估者共同建构意义的过程。它将学校视为花园，强调学生的主体价值，通过自参照评估来为学生的自主发展服务。

③诊断模式

诊断模式将学业评估视为诊断教学成果并予以改进的过程。它将教室视为诊所，强调教学诊断的价值，通过形成性评估来改进教学服务的质量，提高教学成果。

④过程模式

过程模式的范围包括学生学习的整个过程。它将教学视为旅行，强调教学过程的意义和价值，通过过程性评估服务于学生的社会化发展。

（3）品德与人格评估

对学生的品德和人格评估同样是教学评估中的一个重要部分。学生学习外语的一个重要目的就是为自身的发展和社会发展做贡献。一旦学生的品德与人格不端正，就有可能对他人或社会造成危害。因此，外语教学评估也不能忽视对学生品德和人格的评估。

评估时，教师应注意从多个侧面采用不同方法对学生的品德和人格进行全面的、客观的评估，同时还要注意教学内容的科学性、思想性等对学生思想品德和人格的形成与发展所产生的影响的测定与评估。

2. 教师评估

教师作为整个教学过程的引导者，其素质的高低对教与学的成果以及学生的成长都起着重要的作用。因此，对教师素质的评估也是教学评估的一项重要内容。对教师素质的评估一般包括四个方面：教学工作素质、教学能力素质、政治素质以及可持续发展素质。

（1）教学工作素质评估

对教学工作素质进行评估，其主要内容包括：课堂教学质量、教学改革成果、教学研究论文、教学经验总结、学生学习质量等。

（2）教学能力素质评估

对教师的教学能力素质进行评估，其主要内容包括：独立进行教学活动的能力、完成教学工作量的能力等。

（3）政治素质评估

对教师的政治素质进行评估，其主要内容包括：遵纪守法、工作态度、教书育人、为人师表、参与民主管理、政治理论水平、坚持四项基本原则、良好的文明行为等。

（4）可持续发展素质评估

对教师的可持续发展素质进行评估，其主要内容包括：教学发展的潜能，自觉寻求发展的能力，自学能力，接受新理论、新方法、新技术的能力等。

3. 过程评估

当前大多数教学评估只关注对教学结果、学生学习成绩的评估，而忽视学生在整个学习过程中整体素质的提高。针对这一现状，从形成性评估中延伸出了对教学过程的评估。教学过程的评估指的是对师生双方通过教学达到目标的情况进行评估。

由于过程评估发源于形成性评估，因此二者之间有许多共通之处，如都要求关注学生的发展和教学的整个过程。而在我国具体的教育环境、教育问题下，过程评估具有浓厚的中国特色，其对教学过程的评估也是对以目标为导向的形成性测量评估的一个突破。

4. 管理评估

管理评估有助于为外语教学管理工作指明方向。想要准确、恰当地对教学管理的质量进行评估，首先必须了解外语教学管理的概念。外语教学管理是指根据外语教学的规律和特点，计划、组织、控制和监督外语教学工作。外语教学管理评估就是对这一过程及结果的评估。通过评估教学管理，教师能够发现管理中的问题，并及时加强和改进管理工作。

外语评估教学管理的实施必须明确以下两项内容。

第一，教学管理评估包括的内容，如第二课堂的评估、对学校及其下属单位教务管理方面的评估等。

第二，科学、合理的评估指标。一般而言，评估指标包括：教学规章制度、教学计划、教学工作的具体实施、教学检查、教务工作等。

5. 课程评估

科学、合理的课程设置有助于提高教与学的质量。因此，外语教学评估必然涉及到对课程的评估。课程评估是对外语课程价值及功能的评估，主要有三个代表模式：行为目标模式、CIPP 模式以及目标游离模式。

（1）行为目标模式

行为目标模式以确定目标为中心来组织教学活动和教学评估。行为目标模式下，预定目标决定了教学活动，教学评估的任务就是判断实际教学活动是否实现了这一目标、实现了多少，并通过教学反馈调整教学活动，以便以后能顺利地实现这一目标。

（2）CIPP 模式

CIPP 模式以决策为中心，是一种将背景评估、输入评估、过程评估和结果评估结合起来的评估模式。CIPP 模式还认为，目标作为行为目标模式的中心和依据，其本身也应该受到评估。

（3）目标游离模式

与行为目标模式不同，目标游离模式并不考虑目标，而主要通过检验方案的结果来判定价值。

（三）外语教学评价的功能

教学评价在学校教育中的作用日益明显，成为学校工作中必不可少的环节。明确教学评价的基本功能，有利于充分发挥教学评价的作用。

1. 诊断功能

教学评价是对教学结果及其成因的分析过程，借此可以了解教学各方面的情况，从而判断它的成效和缺陷、矛盾和问题。教学包括教师的教与学生的学，因而，教学评价的诊断功能不仅针对学生的学习结果，还包括对教师的教学效果的诊断。

全面的教学评价工作，不仅能估计学生的成绩在多大程度上实现了教学目标，而且可以通过评价了解学生学习效果不佳的原因，如学校、教师、家庭、社会和个人中哪方面的因素是主要的。就学生个人来说，主要是由于智力因素，还是学习动机等其他非智力因素的影响，抑或是两者兼而有之。

教师是教学活动的主要参与者，没有对教师的教学进行评价，会导致教学评价结果的偏差，从而不利于教学质量的提高。全面的教学评价工作，可以诊断教师的教学效果、质量，而且可以了解教师的教学过程中教学策略、教学方法、教学内容是否安排得科学合理，还可以体现出教师与学生的关系是否融洽和谐。

总之，全面的教学评价就如一次全身体检，是对教学观进行一次严谨的科学诊断，发现其中存在的问题，从而为教学的决策或改进指明方向。

2. 调控功能

教学评价的结果是一种反馈信息，这种信息既可以使教师了解自己的教学情况，也可以使学生了解到自己学习的成功和失败，从而为教师调整教的行为、学生调整学的行为提供客观依据。外语教学评价的调控功能包括预测与导向功能。

（1）预测功能

教学评价以评价对象的现状为依据，可以预见性地推测评价对象的发展趋势及其可能性发展方向。这种预测功能可以最大优化评价效果，使评价价值达到最理想化。教学评价通过对评价对象可能发展方向进行一系列的预测、调查、观察，获得尽可能多的真实数据和事实，然后从中筛选出可供评价的因素进行科学分析，做出逻辑推导。为了对学生的发展提供有价值的建议和指导，评价前的预测必须针对学生的未来发展方向。但是，现阶段的教学评价缺乏对评价对象未来发展趋势的预测，即使是在对现状的描述中，也多是仅仅描述评价对象的现状或者表面现象。总之，必须充分掌握评价对象的各方面信息，并对这些信息进行认真的整合和加工，进行深入分析，从而对未来评价对象的发展趋势做出科学指导，使评价预测达到最大效应。

（2）导向功能

教学评价可以通过确定教学目标、设置指标等来指明方向，可以引导评价对象（教师或学生）朝着预设目标前进。教学评价产生于教学实践，也落实在教学实践，教学评价既要有预测教学实践的作用，也要有引导教学实践的作用。教学评价的导向功能体现在以下三个方面。

第一，教学评价应该引导学生和老师适应教育发展的方向。教学评价应具体地为教师和学生指明教与学的努力方向学校是实施国家教育方针的基本单位，学校教育应该符合教育发展的趋势，符合国家教育发展的方向。教学评价的建立正是为了引导教师适应教育发展的趋势。

第二，教学评价应为教师和学生指明教与学的具体的努力方向。评价直接关系着教师教什么、如何教和学生学什么、如何学。教学评价为教师和学生确定全面发展的达成性目标，从而引导教师与学生努力去实现各种具体目标，最终实现整体目标。

第三，教学评价为教师的教与学生的学确定发展的方向。教学评价虽然已经有一个基本框架发挥一般意义上的导向作用，但是教学评价还应具有超前评价的导向构想，为学生确定一个发展的方向。我们应该加强对教学评价的超前导向的关注，也就是要做到对教学评价的实践研究不应满足于现实，而应以超前的观念去进行认真探讨，让教学评价走在教学实践的前面。

3. 激励功能

教学评价的最重要目的不是证明教学效果，而是改进教学效果。教学评价能够帮助老师发现教学中的各种问题，能够促进学生的学习，促进学校教学质量的管理水平。教学评价的激励功能可从教师、学生两方面具体说明。

从教师教的角度看，教学评价可以反映出教师的教学效果，教师可以了解到自己在课堂教学实践中的优点、特点，存在的问题以及产生这些问题的原因，从而保留优点，并有针对性地改正不足，提高教育教学水平。教师还可以从评价反馈的信息中发现学生存在的学习问题，了解和掌握到学生学习中存在的普遍性问题以及问题的性质、程度及其原因，从而有目的地调整教学内容和教学进度。

从学生学的角度看，可以从评价中反馈的各种信息发现自己学习中存在的问题，从而为提高学习能力打下良好的基础。教学评价中反馈的学生学习信息，不但能为教师提供教与学的详细信息，还可以促使学生回顾自己在学习中的表现，分析与教学目标的距离及存在距离的原因，从而可以针对问题采取相应的措施，改进学习方法，提高学习效率。经验和研究表明，在一定限度内，经常进行记录成绩的测验对学生的成绩有很大的激发作用。这是因为，较高的评价能够给教师和学生以心理上的满足和精神上的鼓励，可以激发他们向更高的目标努力。

4. 管理功能

从学校教学管理的角度看，教学评价可以促进有效管理教学质量，更有针对性地提高教学管理人员管理。学校教学要强调质量管理，增强工作的效率，就应该借助教学评价。教学评价有助于学校找出教学管理中的薄弱环节，检查教师把握和执行教学大纲，掌握教师的教学态度、教学能力、教学改革与创新的情况等，从而为提高教学管理水平、改进教学管理工作提供指导，为他们有效控制教学质量、做出改革决策和采取具体措施提供依据。

（四）教学评估的分类

根据不同的分类标准，教学评估可以分为不同的类型。

（1）根据评估基准划分，教学评估分为相对评估、绝对评估以及自身评估。

（2）根据评估内容划分，教学评估可以分为过程评估与成果评估。

（3）根据评估方法划分，教学评估可以分为定性评估与定量评估。

（4）根据评估功能划分，教学评估可以分诊断性评估、形成性评估以及终结性评估。

这里，主要介绍根据评估功能区分的三种评估类型。

1. 诊断性评估

诊断性评估是指在活动之前为使其计划更加有效地实施而进行的评价，因此也称为事前评价。诊断性评估的目的是通过收集有关信息来确定特殊教育的对象、培养目标和方案。学生在学习过程中经常会遇到各种困难，如听不懂、注意力不集中等，偶尔也会受情感、家庭或社交方面的影响，如当天的心情、对老师的喜爱程度、与同学是否发生了冲突等。因此，教师应该先找到问题所在，然后记录其发生的频率，最后找出解决问题的方法。一般来说，学生的学习情况不仅体现在测试的分数上，还体现在学生对某一主题的项目完成记载以及教师与学生家长的交谈结果。采用诊断性评估的方法，教师就可以对学生的知识掌握情况和能力有一个深入的了解，也能发现学生存在的问题及其性质、范围，进而能设计出满足学生需要的教学活动。课堂上要进行这种评估，可以采用多种方式进行，如课堂上对学生的简单提问与回答、精心设计的测验。

2. 形成性评估

形成性评估就是在课程编制、教学和学习的过程中使用的系统性评估，以便对三个过程中的任务一个过程加以改进。既然形成性评估是在形成阶段中进行的，那就要尽一切努力用它来改进这一过程。形成性评估的目的是明确活动运行中存在的问题和改进的方向，以便及时修改或调整活动计划，最终获得更加理想的效果。

形成性评估的着眼点在于过程评价，它是对学生学习过程的全面测评，是对学生课程学习成果的阶段性评估，是对学生学习目标的阶段性测试，也是课程考核中的重要组成部分。课堂上采用形成性评估方式的手段有很多，如访谈、座谈、测验结果的分析、对学生学习研究报告的评论等。形成性评估的工具有评估量表、课堂观察、成长记录袋等。这些评估方法我们在下文会进行详细介绍。

3. 总结性评估

总结性评估是一种“回顾性”评估，也称为“终结性评估”，是在一段学习后，为了解学生的成绩而展开的评估。它能考查学生个体或整体的发展水平，为评优、选拔提供参考依据，还可以把握学生掌握知识、技能的程度和能力发展水平，为以后的学习和教学提供依据。总结性评估采用的形式往往比较固定，如一个学期的中间或期末，学生经过集中复习，在固定的时间完成一套试题等。

（五）外语教学评估的标准

在进行外语教学评估时，必须要有相应的评估标准，否则就无法保证评估的、公正性和公平性。在语言学中，关于测试体系的标准和原则的探讨很多，但是有关整个评估体系标准的研究却很少。因此，对包括诊断性评估、形成性评估和总结性评估等在内的评估体系建立严格的评估标准是很有必要的。教学评估主要应包括以下几个标准。

1. 效度

评估的效度是指在多大程度上评价了要评价的内容。效度标准主要涉及以下一些概念。

（1）内容效度，指评估抽样是否足够，是否具有代表性。

（2）结构效度，这是语言评估的理论基础。

（3）表面效度，指外行对评估形式的印象。

（4）标准关联效度，指与其他评估形式相比较，评估结果是否一致。

2. 信度

评估的信度是指评估结果一致性的程度，主要包括三个方面：评估本身的信度、学生在不同情况下的表现及评分信度。评估信度的影响因素主要有以下几个。

（1）评估形式的特点，例如评估时间、题目的难易度、区分度、猜测因素等。

（2）学生临时的心理和生理变化。

（3）评分的波动，例如评分员之间、每个评分员自身前后之间的差异等。

为了减少或排除上述因素的影响，可以在以下几个方面做出努力。

（1）使用多种评估方法，评估条件一致，减少非评估因素的干扰。

（2）在多个场合下评价，提供清楚明了的评价说明。

（3）由有经验的、受过培训的评分员评分，采用多人独立评分。

3. 可行性

一项评估形式只有在人力、物力、时间许可的范围内才具有可行性，如是否有足够的时间和钱物收集评价所需信息材料、分析评价材料，评价方式是否为学生、家长和社会所接受等。

4. 积极的教学反拨作用

所谓反拨作用是指评估对语言教学的影响与反馈作用。反拨作用也是评估的一个重要因素，科学合理的评估对语言教学有促进作用，而不合理的评估对语言教学具有阻碍作用。因此，要格外注意评估方式对教学的反拨作用尤其是积极的反拨作用，特别是受试范围很广的大规模、标准化考试更要考虑评价对教学的反拨作用。

（六）外语教学评估的过程

外语教学评估的过程一般包括三个阶段：评估的准备，评估的实施以及评估结果的反馈。

1. 评估的准备

教学评估的准备阶段主要工作包括以下几个方面：方案准备、组织与人员准备以及评估者和被评估者的心理准备。

（1）方案准备

方案准备主要是指评估的组织者根据课堂教学评估的目的，在教学评估实施前拟定有关教学评估的目的、内容、范围、方法、手段、程序和预期结果的纲领性文件。

通常，方案主要包括以下内容：评估对象；评估目的；评估标准；评估方法；实施期限；评估报告完成的时间；评估报告接受的单位、部门或个人；预算等。

方案一般具有以下两个方面的特性。

第一，评估标准是方案的核心。这里的评估标准一般包含评估的指标体系及其评定标准。评估标准编制的科学性和有效性对评估结果的信度和效度有决定性的作用。一般来说，在编制评估标准时，要依据相应的调查，通过严格论证、专家评判、实验修正，以提高评估标准的质量。

第二，评估程序的科学性、规范性和可操作性是方案的根本。评估工作的科学性是指评估活动的指导理论以及评估过程中所采用的方法一定要科学；规范性是指评估运行程序要规范和按照预先设计好的程序进行，不能任意改变；可操作性是整个评估程序具有可操作性，要能得出明确的结论。

（2）组织与人员准备

组织准备通常包括成立专门的评估领导小组或组建评估工作小组。

人员准备主要是指组织与评估有关的人员对评估理论和有关文件进行系统学习，为评估工作做好知识与技能方面的准备。

（3）评估者和被评估者的心理准备

在评估的准备阶段，评估者和被评估者会出现一系列心理现象，如成见效应、焦虑心理、应付心理等。这些心理现象会在一定程度上对评估者与被评估者的关系造成影响，同时还会影响评估的信度和效度。因此，在评估的准备阶段，还需要对评估者和被评估者的心理现象进行有效的调节与控制。

2. 评估的实施

教学评估活动的关键就是评估的实施。实施评估的主要任务在于采取不同的评估方法和技术收集多种评估信息，并对这些信息进行整理，然后进行价值判断。

（1）评估信息的收集

收集评估信息时，要以先前制订的评估方案为依据，并采取恰当的评估方法、手段、工具、仪器。需要指出的是，评估工具（如评估表、量表、问卷等）起着十分重要的作用，其科学性决定着信息收集的有效性。因此，选择评估工具要确保其有效性。

（2）评估信息的整理

评估信息的收集工作完成后，通常需要对这些信息进行审核和归类。审核评估信息主要是指判断评估信息的有效性，如回答问题是不是敷衍了事，判断评估信息是不是被评估对象的真实反应。而对评估信息进行归类则主要是指根据评估信息的共同点进行归纳，确保信息的有序性。

（3）评估信息的分析

对评估信息进行分析处理时，一方面，要注意掌握评估标准及其具体要求：另一方面，评估者应该使用事先规定的计量方法来处理评估信息，也可以采用其他方法。在评估结果中要提供评估意见，如相应分数、等级或定性描述等。此外，如果条件允许，对评估者的观察结果进行认定与复核也是十分有必要的。

（4）综合评估

综合评估是将分项评定的结果进行汇总，并最终形成综合评估的结果。评估者需要根据汇总的评估结果，对评估对象做出准确、客观的定量或定性的评估结论，形成评估意见。

3. 评估结果的反馈

评估结果的反馈主要包括以下几方面的内容。

（1）检验评估结果

评估结果的检验要注意以下两点。

第一，对评估程序的每个步骤进行检查，看其是否全面、准确地实施了评估方案。

第二，采取统计检验方法，对评估结果进行统计检验。

（2）分析诊断问题

对被评估者进行等级分类并不是评估的最终目的，评估主要是为了有效地促进课堂中的教与学，因此我们需要详细地分析所收集的资料，并对被评估者的优劣状况进行系统评论，以帮助被评估对象找出存在的问题。

（3）写评估报告

评估报告一般由封面、正文和附件三部分组成。这里我们主要对封面与正文进行简要介绍。

封面应包括以下信息：评估方案的题目、评估者的姓名、评估报告接受者的姓名、评估方案实施和完成的时间、完成报告的日期。

一般而言，正文主要包括五部分。

①概要

要求对评估报告进行简要综述，解释评估的原因，并提供主要结论和建议。

②背景信息

它主要介绍评估方案是如何产生的，尤其注重对评估标准的编制过程及其理论依据的描述。

③叙述评估实施的过程

它主要是对收集信息和处理信息的过程进行的描述。

④描述结果并分析结果。

它主要介绍各种收集到的与评估有关的信息，包括数据和记录的事件、证据等，以及处理这些信息所得到的结果。

⑤归纳与建议

它主要包括推断评估结果，并进行归纳，给出结论，同时提出意见、建议。

（4）反馈评估结果

反馈评估结果主要是把评估结果返回给被评估对象或上级主管部门，这不仅有助于引导评估对象了解自己的优点，发现自己的问题，从而不断改进、完善自己，还可以作为教师或教育管理机构进行决策的依据。反馈评估结果可以采取诸如座谈会、汇报会、书面报告等多种方式进行。

二、外语教学评估原则

教学评价原则是指评价过程应遵循的基本准则。外语教学评价的原则有以下几个。

（一）发展性原则

评价以促进发展为目标，因此教学评价也应该遵循发展性原则，利用评价促进学生的发展和教师的专业发展。

发展性原则一方面是指有利于学生的发展。学生是教学的主体，教学评价的基本目标之一就是通过切实的评价与诊断，让教师发现教学中的优缺点，帮助教师积极自主地学习、研究和应用新的教学策略，不断调整教学的组织方法与过程，从而促进学生在认知、情感等方面的全面发展。同时，通过评价诊断学生的学习效果、学习中存在的问题和缺陷，可以帮助教师有针对性地指导学生，也有利于学生发现根据自己的学习成果，采取相对应的措施改进学习，提高学习效果。

发展性原则另一方面是指有利于教师的专业发展。教学评价的重点是关注教师的教学过程，而这个过程的效率和师生间的互动交流直接关系着教学目标的完成。因此，评价时需要考虑的是如何通过评价来进一步提高教学效率，帮助教师找到教学中还应该改进的地方，而不仅仅是估计、评判教师的教学效果。教师自己也是教学评价主体之一，教学评价本身也应该是教师对课堂教学过程与行为的批判性的反思，是教师与同行、专家交流与分享的过程，因此，通过教学评价能有效促进教师的专业发展。

（二）主体性原则

外语教学评价的主体性原则，既指学生在学习中的主体性，又指教师在教学评价中的主体性。

1. 学生在学习中的主体性

学生是学习的主体，外语教学评价是以促进发展为目标的，尤其是促进学生的发展。评价应以学生的综合语言运用能力发展为出发点，有益于学生认识自我、树立自信，有助于学生反思和调控自己的学习过程，从而促进学生的综合语言运用能力的不断发展。

2. 教师在教学评价中的主体性

教师在教学评价中的主体性体现在两个方面：其一，任课教师必须掌握教学评价的技巧，把教学评价纳入正常的教学之中，增强反思性教学研究；其二，教师应该参与教学评价指标体系的制定，每位教师都必须清楚评价的目标要求，掌握评价的基本操作技能。

教师的主体性实际上也是为了学生主体性服务的。教师必须掌握教学评价的方法和技能，帮助学生认识自己的学习现状和学习潜能，帮助学生认识到自我评价对于学习能力发展的意义，学会自我评价的方法，并在学习中积极、有效地加以运用，不断提高学习的自主性。在各类评价活动中，学生都应是积极的参与者和合作者。

（三）合理性原则

教学评价既是保证课程实施的重要手段，又是教学活动的有机组成部分，在课程教学有非常重要的作用。在教学过程中使用的各种评价方式有利于教学活动的开展，有利于学生学习能力的提高。但是，并非任何评价都是有积极意义的。实际上，只有合理的评级才可以促进教学效果的提高。总的来说，评价方式应该简便易行，避免使用过于烦琐的程序，干扰日常教学；同时应注重评价活动的质量和使用时机，让学生感到评价是积极的、有意义的学习活动；要防止评价流于形式，或因为评价活动不当使学生产生心理负担和厌倦情绪。总之，外语教学评价是促进教学发展的手段，而不是教学目标。

（四）目的性原则

外语教学评估对学生和教师都有重要的意义，因此评估应当遵循目的性原则，以便对师生切实有益。

从教师的角度来看，不同评估方式的预期目标不同，适用的范围也不同，因此教师对于各种评估方法的目的和其预期的效果应有所了解，只有这样，才能在诸多评估方式中做出正确的选择。另外，教师在选择时还应结合自己班级和课堂的具体情况，并且注意各项方法技巧的作用。

而从学生的角度来看，对于教学评估的诸多方面都应该让学生有所了解，如教学评估的重要性、各种评估方式的操作和作用等，这样才利于学生的积极配合，保证教学评估的有效进行。

（五）效益性原则

效益性原则是指在单位时间内所取得的教学成果与所付出的物质代价和精神代价的比率。效益性原则是评价教学中教学活动适宜性的一个重要标准，教学活动是为了完成相应的教学目标而开展的，每一个教学环节和相应的教学活动都是为了达到这个教学目标而存在的。不同的教学环节和教学活动，其效果和效率是不一样的。因此，效益性原则是判断某些教学环节、教学活动是否恰当的一个重要标准。

为达到更好的效益，教师要时刻关注教学评价对学生学习和教师教学的反馈作用。教学评价能够反映学生的学习成就、学习中的问题或不足，促进学生自主性的发展、自信心的建立；评价还能够反映教师教学中的成功与不足，促使教师通过客观分析和认真研究评价结果，找出教学中存在的问题及产生问题的原因，及时调整教学计划和教学方法，并针对每个学生的具体情况及时提出建议，给予指导。如此，将教师和学生的评价结合起来，就可以相互配合，解决问题，提高效益。

（六）反馈性原则

教学评估的反馈性原则和目的性原则是相辅相成的，遵循反馈性原则是为了更好地实现评估的目的。

第一，在课堂教学评估结束后，教师需要对评估中获取的信息进行分类综合，找到学生学习中共同存在的问题；然后在分析“双峰”现象、检查计划完成情况的基础上，制订下一步的教学或评估计划。

第二，及时把评估信息反馈给学生。通过评估反馈信息，学生可以对教师采用的这种评估方式真正意义有一个整体性的了解，同时了解自己在学习方面的不足和差距，从而促使教师和学生采取相应的措施给予改进与提高。因此，应该将评估阶段获取的信息进行分析整理之后及时反馈给学生，最起码应将部分信息反馈给学生，以避免学生对评估的不认同或反感。

第三，课堂教学评估可进行适当量化，以此作为反馈的一种手段。在分级评估时，需要清楚的是这样做只是为了更清晰地进行反馈，作为教师来说，不可以把它作为检验学生学习成绩的体系，而且也不能盲目采用分级量化的方式进行课堂评估，应该视具体情况来定。

（七）过程性原则

过程性原则包括以下两个方面的内容。

第一，评价不只是在教学结束后发生，更是发生在教学设计和教学实践的整个过程之中。评价针对教学的整个过程，并不是针对某一阶段的，即教学评价本身直接针对的是教学活动及其历程。在这个过程中，教师要结合教学的目标来评价教学的效率。

第二，评价不只关注结果，更关注教学中师生的行为表现，评价也不是一次性的行为，而是连续性行为，贯穿于教学的始终。评价既要体现教师教学经验的发展过程，又要体现学生学习经验的发展过程；评价不是用某一事件评定某一结果，而是要体现个体发展的连续性。要真正发挥评价的教学作用，就要对教师和学生的个体成长与进步放在同等地位，要把教师和学生放在同等重要的位置。教师要不断对自己的教学思想、教学态度和教学行为进行分析和反思，对评价资料进行细心收集、整理与分析，学生也应该不断地对自己的学习效果、学习效率、学习方法等进行思考与改良。教师和学生都应该在整个教学过程不断评价与相互评价，提高评价结果的客观性，促进自我教、学能力的提高。

（八）情感性原则

人文主义心理学强调，要促进人的全面发展，必须使认知和情感两个方面有机地结合起来。以往的教育过多关注大脑的理性和认知功能，而忽视了非理性方面的发展，导致了“情感空白”。根据克拉申（Krashen）的“情感过滤”理论，人们在接受所输入的语言材料的过程中往往会受到其情感因素的影响和制约。如果他们有积极的情感，则情感的过滤作用就小，大量的‘可理解输入’就会进入语言习得机制，并内化为他们的语言能力；如果他们的心理状态差，其情感因素就会对输入的语言材料进行过滤，阻碍语言材料的有效输入。因此，在外语教学评估的过程中，就要求教师要考虑到学生的情感因素，善于发现学生的优点，让学生从评估中了解自己所处的发展状态以及个人的发展潜能，并从中体验进步与成功，从而增强学习的信心和学习进步的动力，提高学习效果。

（九）多元性原则

多元性原则表现在以下几个方面。

（1）评价主体的多元化，即为了使评价有机地融入教学过程，学校应建立开放和宽松的评价氛围，使参与评价活动的人除了教师之外，还包括专职的评价机构、教育决策机构、学校管理教师、学生家长、学生群体和个体以及学校内外的其他相关人员，即实现教学评价包括专家评价、领导评价、教师评价、同伴评价和学生评价的评价主体的多元化。

（2）评价对象的多元化，即为了保持评价结果的信度和效度，降低评价的消极影响，应将以下内容也列入评价对象之列：

①学生的情感、心理、能力等。将这些因素融入教学评价中，有利于学生的情感、心理、能力的培养和发展。

②教学目标。将教学目标纳入评价对象之列，可以随时对教学目标进行评价，从而有利于对教学过程进行调整，促进教学效果的不断提高。

③课程参与者。课程参与者包括参与课程开发、编制、设计的人员，以及课程实施和课程管理的人员。

④教学评价者。教学评价者的知识水平、评价技能等都与评价结果有密切联系，因此，将教学评价者也列入评价对象之中，可以促使其不断提高自身水平、技能，从而有利于提高评价结果的效度和信度。

（3）评价形式的多元化，提倡形成性评价与终结性评价相结合，既关注结果，又关注过程，以形成性评价为主；定性评价与定量评价相结合，以定性评价为主：他评与自评相结合，以自评为主；综合性评价和单项评价相结合，以综合性评价为主。每个学生的认知风格、学习方式及阶段性发展水平是有一定差异的。在日常教学中，教师应注意根据学生的差异采取适当的评价方式，设计出不同层次的评价目标，并允许学生自主选择适合自己的评价方式，以利于学生充分展示自身的优势，让水平不同的学生都能体验成功。

（4）评价标准的多元化。课程评价科学与否，在很大程度上决定了整个评价结果的精确与否。我国地区发展不平衡，如果用统一的评价标准，就容易抹杀学生个性差异，不利于学生的发展。因此，各个地区可以根据当地的经济、教育发展水平制定不同的评价标准；各个地区的学校也可以根据自己的办学条件、培养目标等的不同制定符合学校特点的评价标准。

（十）评估与指导相结合原则

评估与指导相结合是指按照一定的原则、标准对评估对象已完成的行为做出肯定或否定的判定，同时应把评估结果上升到一定的理论高度加以认识，并根据评估对象的主、客观条件，从现实出发，指导评估对象改进教学或学习，把握今后的发展方向，使评估对象能够发扬优点，克服缺点，争取更大的进步。

在外语教学中，评估的内容涉及面比较广。从原则上来讲，评估什么内容，就应对其中存在的问题进行分析和指导，否则评估工作就变得毫无意义。因此，既要注重评估结果对学生学习及教师教学的反拨作用，还要强调评估后的指导。

只有从评估到指导，从指导到评估，循环往复地进行，才能有效地促进学生的学习，促进教与学的可持续发展。

（十一）总结性评估与形成性评估相结合原则

总结性评估和形成性评估侧重点不同。外语教学评估要遵循总结性评估与形成性评估相结合的原则。

总结性评估要强调对学生综合运用语言能力的考查。总结性评估既可以检测学生综合语言运用能力的发展程度，也是反映教学效果、学校办学质量的重要指标之一。总结性评估的目标应是对学生综合语言运用能力的考查，确保对学生在经过一段学习后所具有的语言水平进行科学、全面的考查。为了全面考查学生的综合语言运用能力，测试可以采用多种形式，如口试、听力考试、笔试等。口试应注重对学生的表达与共同能力和交际的有效性的检测。听力测试的主要目的应该是检测学生在具体的语境中理解和获取信息的能力。听力测试在各类考试中所占的比例不少于20%。笔试除了要有语音知识题和单纯语法知识题之外，还要适当出现一些具有语境的应用型试题；笔试适当增加主观题，减少客观题，增加有助于培养学生思维表达的主观题。此外，总结性评估不允许公布学生考试的成绩，也不能按考试成绩对学生排名次。

形成性评估是教学的重要推动因素。形成性评估的任务在于评估学生日常学习过程中的表现、所取得的成绩以及所反映出的情感、态度策略等方面的发展等。形成性评估应坚持以正面鼓励、肯定性评估为主，教师要以评估结果为依据，与学生进行沟通、交流，对学生的进步予以肯定，同时鼓励学生自我反思，总结学习经验，以实现自我提高。形成性评估可以采用多种形式进行，如课堂学习活动评比、课外活动参与点评、学习效果自评、学习档案、问卷调查、访谈等。此外，形成性评估还可以采用不同的评估记录方式，如描述性评估、等级评估、评分等。

总的来说，总结性评估有利于横向比较，能对评估对象是否达到了某种标准进行比较准确的判断，但是它不利于纵向比较，即不易反映评估对象的活动过程和今后发展的潜力，难以调控。与之相反，形成性评估则便于纵向比较，有利于分析和判断发展趋势，更好地调控、指导，但其缺点是费时费力，很难进行横向比较。因此，在进行外语教学评估时，只有把总结性评估和形成性评估结合起来，取长补短，才能使教学评估更有效。

（十二）全面性与独特性相结合原则

在外语教学评估中，不仅要考虑评估标准的全面性，更要关心评估对象的独特性。

教学评估首先要注意评估标准的全面性，评估标准的全面性是指在教学评估中要对教学、学习活动中的各种因素进行全面的分析和判断。因为教学评估是一项系统工程，其效果由多种因素综合起来构成，如果单纯地强调某一因素，很容易造成系统的不平衡。因此，外语教学评估就是要依据课程目标，以培养学生综合语言运用能力为中心，尽可能全面地评估学生的学习过程。

此外，教学评估还要考虑评估对象的独特性。独特性就是在评估中要关注学生的差异性，照顾学生的特殊需要。具体来说，需要注意以下两点。

第一，考虑学生的特殊需要，评估应具有多样性和选择性。在评估中，教师应允许学生根据自己的学习风格、优势选择适合自己的评估方式。

第二，根据学生年龄采取不同的评估方式。例如，低年级的学生适合采用形成性评估，依据学生平时参与各种教学活动的表现和合作能力，以此为基础进行总结性评估；而对高年级的学生应以形成性评估为基础，多用总结性评估，更加注重评估对学生用外语获取信息和处理信息、分析问题和解决问题的能力以及用外语思维和表达的能力。

三、外语教学评估策略

（一）外语教学评估的意义

教学评估实际上就是一个收集、综合和分析信息的过程，是了解学生各项技能的发展水平和发展潜力等信息的过程。一般来说，教学评估可以达到两个目的：第一，为学生个人提供有益的反馈；第二，为学生所在的学校和社区提供有用的资料。最终目的是通过评估促进学校、家长和社区的合作，帮助学生进步。具体来说，大学外语教学评估的意义体现在以下几个方面。

1. 从学生和教师的角度来看

（1）从学生的角度看

大学外语教学评估对学生的意义主要体现以下几个方面。

①教学评估可以使学生的学习过程具有可视性。在这个过程中，学生能够清楚地看到自身的长处和不足，有利于更好、更快地纠正学习过程中的一些错误观念和错误假设。

②教学评估可以使学生意识到语言学习的过程性。学生意识到了语言学习是一个过程，就能更加主动地对自己的学习进行监控，成为真正的自主学习者。

③教学评估能使学生能切实感受到教师对其学习的关注，加强了师生之间的情感与交流。

④教学评估提供的反馈信息能帮助学生及时灵活地调整自身的学习策略。

（2）从教师的角度看

大学外语教学评估对教师的意义主要体现以下几个方面。

①教学评估对教师日常的学习和教学活动提供了必要的反馈，使教师能及时根据反馈对自己的教学计划、教学方式进行调整。

②通过师生间的对话利于师生间和谐关系的建立与维持，为更有效地开展教学奠定基础。

③教学是一个根据信息反馈而不断发展的形成性过程，评估可以帮助教师更清楚地认识到这一点。

④评估的一系列环节有助于教师成为有意识的教学研究者，从而为以后教学理论的研究奠定基础。

2. 从功能角度来看

从功能的角度看，大学外语教学的意义主要体现在以下几个方面。

（1）管理研究功能

所谓管理功能，是指评估作为一种价值判断，通过上级对下级、组织对个人或者被评估者的自我评估，可以更好监督和促进被管理对象认真履行职责，完成规定的任务，达到预期的目标。所谓研究功能，是指课程与教学评估具有教育研究上的价值，有利于开展教育教学研究活动。

（2）促进发展功能

促进发展功能主要是指通过对课程与教学评估的实施，为学校的教育教学提供有效的诊断和反馈，并以此来强化和改进教育教学活动的开展，进而促进学生、教师以及学校更好地进步和发展。这种功能是当代课程与教学评估理论与实践所特别关注的。

（3）鉴定筛选功能

鉴定功能是指通过评估对课程与教学的各个因素或各个方面的优良程度进行鉴定，一方面认定其价值的大小，另一方面衡量其是否达到了应有的标准。所谓选拔功能，是指课程与教学评估能够为选拔优秀和淘汰不合格者提供依据，从而对评估对象进行筛选。

（二）外语教学评估策略

现代外语教学评估的策略有很多，下面主要从对学生的评估、对教师的评估以及对教材的评估等几个视角探讨外语教学评估的具体策略。

1. 对学生的评估策略

（1）档案评估策略

①档案评估策略简述

档案是组织或个人在以往的社会实践中直接形成的清晰的、确定的、具有完整记录作用的固化信息。对于学生档案，其在教学上的应用便是对学生进行评估的一个重要工具。档案评估策略可以将课程与教学同评价相结合起来，贯穿到日常的教学活动中去。学生的学习档案袋一般有两种形式。

a. 课堂记录卡

学生在学习档案中可以收录课堂学习的重要资料，以便帮助学生及时了解自身的学习过的和学习方式。采用课堂记录卡的形式可将在课堂中发生的事情如实记录下来，客观地描述自己在课堂上的表现。课堂记录卡一般由学生自己填写，并标明具体时间，然后收集在档案袋里。

b. 个人作品档案袋

个人作品档案袋可以收录学生在学习过程中通过各种形式的实践活动所获得的收获和成果，便于师生及时了解。其内容可以是学生撰写的优秀小论文、获奖证书、他人对自己的评价以及自我评价结果等。此外，还可以将学生录音、照片 / 画、与同学的合作项目等收录到个人作品档案袋中。

②学生档案的收集

学习档案材料的收集方式有很多。如果决定了要进行学生学习档案评估，教师就应该在新学年一开始就设定一个总的计划，如：使用学生学习档案的最终目的是什么，要收集些什么材料以及由谁来收集。一旦清楚了这些问题，收集资料的活动就不容多了。由于收集资料需要一个漫长的过程，只要坚持记录有关学生学习过程就可以了，因此教师就要培养学生的学习习惯——收集他们所有的东西——并找一个存放的地方——也就是学生学习档案。

制作学生学习档案时，收集资料并不是一件难事，选择收集哪些资料则是极为困难的事。因此，学生应该先学会如何整理挑选出合适的资料放进学生学习档案中。通常教师会以学生的口头讨论开始。学生参照教师提供的优秀作业的标准和样本进行讨论，并口头反思彼此的作业。学生进行口头讨论时，教师要将学生谈到的问题进行归纳总结。当学生掌握了口头讨论的基本模式，并且会用现成的标准去评定他们自己的作业后，再转向笔头反思。笔头反思有助于学生从评估中学习，了解自己的优点和不足。同时教师也能知道学生对自己作业的看法，当发现一些不恰当的看法时，教师可以做及时的提示与引导。当学生有能力判断他们的作品并且收集了一定数量的作品后，他们就可以将挑选出来的作品收集到学生学习档案里。如果要学生建立一个写作档案，就需要选择如下项目。

第一，一篇重要的文章，并说明选这篇作品的原因以及完成的过程和感受。

第二，一篇满意的文章和一篇不满意的，并说明对两篇文章的思考。如果学生愿意还可以再加上对不满意作品的改进意见。

第三，一篇文章的写作过程。

第四，随便选一篇文章以及选它的理由。

③学习档案的制作

a. 读书笔记的制作方法

读书笔记是学生对所读书籍、文章的随时记录，坚持记录读书笔记这有助于学生养成认真思考的习惯。教学过程中，教师可以鼓励学生就所读内容发表看法。这不仅有助于学生了解文章、书籍的内容，培养良好的读书习惯，同时也有助于学生锻炼写作能力。

b. 阅读 / 写作档案的制作方法

每份档案都应包括要求的项目（required contents）、任意选择的项目（optional contents）以及评论（comments）。

c. 学生学习档案总结表的制作方法

学生学习档案总结表上通常包括：学生姓名；老师姓名；日期；学校名称；要求的项目，如阅读范例、阅读策略 / 写作范例、学生自评等；任选项目，如所读书单、内容摘要和评论、阅读成绩等。

④对学生档案的评估

完成学生学习档案的制作以后，就要检查学生所选项目是否符合档案要求，并对其进行评估。评估学生学习档案时应注意以下几个方面：档案是否整洁易读；档案中的材料是否组织得好；档案中是否有具体范例；档案内容是否能够清晰、全面地反映学生一个阶段的学习成果；档案是否能够体现不同课程之间的联系。

a. 学生学习档案座谈

开展学生学习档案座谈不仅能够快速、有效地了解学生的学习情况、学习习惯，还可以有效地指导学生今后的学习。

b. 学生学习档案评估量表

学生学习档案评估量表的功能在于将学生一个时期内的成绩量化，将学生的成绩分为优秀、很好、良好、一般和需改进五个档次，并辅以日常记录和总结，使学生的学习情况更加直观。

（2）观察策略

观察策略是指通过有目的、有计划地观察学生在日常学习中的表现并加以记录，从而对学生的学习情况做出全面评估的一种方法。观察策略作为评估外语教学行为和技巧的最基本的评估工具被广泛地应用。所有语言信息收集的方法都可以被认为是在特定情况下使用特殊方法来了解学生学习的行为、态度或策略。

观察分为正式和非正式两种。所谓正式观察就是采用标准化的观察方法。非正式的观察则是对学生某一方面行为规范的观察。观察可以随时进行，但也需要按照系统的方法进行，以保证其客观性。

观察策略作为形成性评估的一种重要形式，主要适用于课堂评估。在设计课堂观察时需要注意以下一些问题。

第一，观察的目的是什么？对教师来说，教师可以通过观察了解学生学会了什么，哪些学习策略对他们有帮助，哪些教学策略对他们更有效，哪些活动和材料是学生喜欢的等。对学生来说，教师及时将收集到的信息反馈给学生，有利于学生更好地了解自己的学习状态。

第二，观察教学的哪些方面可以达到这样的目的？教师在教学过程中可以重点观察课堂事件、教学活动、学生间互相交流等。教师还可以观察学生日常的听、说、阅读和写作的经历。此外，教师还可以随时、随意地观察学生学习上取得的进步。

第三，观察单个学生、一组学生还是整个班级？对某一个学生进行观察，可以了解到这个学生个人的具体困难并与家长、其他老师一起帮助他进步；而对一组学生进行观察，可以了解全班的整体进度。

第四，对日常的教学活动观察还是观察特定的某个活动？教师可以观察学生单独、一对一或分组执行任务时的表现。通过灵活设定的任务或游戏可以帮助教师评估学生的分类能力、记录能力和描述能力等。

第五，实行一次观察还是重复观察？是否把观察与学生的其他课程和课外学习相结合？

第六，如何记录观察结果？恰当的记录方式对观察结果有着极大的影响。教师可以将观察到的现象和结论以日常记录、评估量或表评估表的方式进行记载。

在记录中具体采用哪种方式应该根据观察的目的和对象决定。下面我们就对这三种方式进行简单的介绍。

①日常记录

日常记录是教师根据学生日常语言、行为或学习所做的记录。记录包括对日常重要事件以及涉及学生活动和进步的纪实和描述。记录可以在学生活动发生时或每天放学后进行，记录形式宜简易灵活。在进行日常记录时，应注意以下几点：观察记录学习过程中的当时情形，以便将来分析；记录和收集资料宜用活页纸，将学生按姓名的字母顺序排列，随时增添记录；设计特殊的资料收集形式。

②评估量表

评估量表记录学生达到了某一具体标准以及学生在所给时间或所给范围内达到的标准。评估量表与评估表相似，只是量表显示了从恰当到不恰当的一种持续性，以便做出判断。教师可经常将评估表量化。一般来说，主要采用三种量表：数字、图表和描述。

③评估表

评估表主要反映某一特定时间内学生在某一项活动或过程中的表现和进步程度，它依据所使用的一系列具体标准而制定。评估表用来记录学生是否掌握某一具体知识、技巧、过程、能力以及态度。通过评估表，教师可以了解在哪些方面的教学取得了良好的效果，学生在哪些方面需要帮助或进一步指导。

评估表的使用形式应该多样化，做到方便实用。在使用评估表应注意以下几点：根据教学大纲，教学单元和教学目的制定观察标准；观察前教师应与学生共同讨论具体标准；如有必要，教师可以要求学生参与制定部分或全部标准；教师要选择便于观察的标准，避免模棱两可的项目，增强客观度；教师要用通俗的语言描述评估标准，以便学生及家长可以理解；评估项目不宜超过 8 项，一次只观察几个学生；要经常对评估数据进行总结；采用或调整已有的评估表；所有评估表都应留出空间以便做日常记录和写评语。

（3）同伴评估策略

所谓同伴评估主要是指通过学生之间的沟通与合作来实现评估。因此，沟通技能和合作技能是影响评估结果的两个重要因素。由于不同学生的沟通能力、合作态度有所不同，而且同学间彼此信任、真诚的互相评估也需要一定时间的培养，因此同伴评估不是一次就能实现的。在初次使用同伴互评的时候，教师应注意采取一定的策略来帮助学生执行评估活动。

当然，同伴评估也可以通过简单的活动来落实。例如，教师可将全班学生分成若干小组，每个小组完成一个任务。在这期间，教师应鼓励组中每个成员都积极思考，共同合作完成任务。活动结束后，教师要求每位小组成员都对自己和他人的贡献做出评估。

同伴评估不能盲目进行，必须遵循一定的规则。如学生在谈论自己的观点或发表评论时要有理有据，不能依个人主观偏好评论。教师可以让几个学生评估一个学生，每一个评估者都要根据被评估者的课堂表现写评语，评语的重点放在被评估者的优点及改进的建议上。然后，被评估者根据同学和老师的评语反思自己的表现并撰写总结，确定改进的目标。

（4）自我评估策略

现代外语教学强调对学生自主学习能力的培养，学生要对自己的学习负责，即要在日常学习过程中检测、监控自己的学习情况。因此，自我评估策略也是对学生评估的重要组成部分。自我评估就是让学生通过积极思考自己在学习方面的问题，自己评估自己的学习情况。通过自我评估，学生可以正视自己取得的成就，发现存在的不足，从而自我调控学习进程，培养对自身学习的信心和责任感。

在自我评估策略中，教师的任务主要有两个：一是根据评估目的制定自我评估表，引导学生进行自我评价；二是通过与学生讨论他们的自评实施过程与结果，能够了解学生的学习态度，也能使学生清楚地认识到自己的学习情况。自我评估策略经常采用的工具是自评表和自我学习监控表。

①自评表

运用自评表对提高教学评估的效率起着促进性的作用，而且其操作起来也比较方便、省时，只需在课堂教学活动结束之时发给学生即可。

②自我学习监控表

自我学习监控表通常用来监控学生的学习，在外语教学的任何一个单元的学习过程之中，都可以使用自我学习监控表。其具体操作步骤及注意事项如下。

第一，使用自我学习监控表之前，教师首先应该向学生介绍此表的用途以及操作方式，这有助于学生正确认识和使用它。

第二，学习新单元之前，教师可让学生根据自己的实际情况，提前设定一个想要实现的目标，然后在活动栏中写上要完成的任务。需要指出的是，学生在制定计划和目标时应首先确保这些活动能够为他们挣到足够的分数，这样学生才能够在学习过程中参照自己预先制定的目标时时监控学习的进度，为以后的行为调整做参考。

第三，尽管在使用学习监控表时，完成目标的过程是学生的自主行为，但教师也不应袖手旁观，听之任之，而应时常提醒学生检查自己目标达成的情况，为他们调整下一步的学习活动提供建议和指导。

（5）学科成绩测验策略

学科成绩测验即我们通常所说的语言测试或考试，是最常用的评估学生学业的方法。与其他评估方法相比，语言测试具有高效、便捷的特点，量化的考试成绩易于在学生之间进行横向比较，从而为教学提供有益的反馈信息。考试的适用面也较广，通常用于判断学生知识、技能的掌握水平及其他方面的发展状况。此外，由于考试的答案较为固定，因此评估的结果也相对较为公正。考试主要可以分为以下两种。

①标准化考试

所谓标准化考试，是指采用现代教育技术对学生的外语能力进行测量并符合严格规范要求的大规模考试。标准化考试通常由专门的机构或组织设计、组织和实施的，具有科学性较强、质量较高、控制较严、费用较大的特点，主要适用于大规模的教学评估。标准化考试的目的是提供一种公认的客观标准，通过对学生语言运用的抽样检查确定学生的实际语言能力。其通常跨地区甚至跨国界，涉及大量的考试。我国非外语专业大学外语四、六级考试就是一种常模参照、标准相关的大规模标准化考试。

②课堂测试

课堂测试是教学中最为常用的评估方法，可以评估学生一个教学单元、一学期或一学年教学目标的实现情况。课堂测试的主要形式是笔试，一般由教师组织、设计和实施。传统的课堂测试采用闭卷考试，新时期的课堂测试法要改变传统的考试内容和方式，将对学生知识和能力的考查有机结合起来，将开卷考试和闭卷考试有机结合起来。课堂测试主要应注意以下两个方面。

第一，要强调实体的真实性和情景性，便于学生形成对外语学习和使用的领悟能力、解释能力和创造能力。

第二，要强调学生解题的过程，尽量减少客观题，增加主观题和开放题的比例。不仅要重视考试结论，还要重视结论得出的过程。

需要指出的是，尽管学科成绩测验的结果比较客观、公正，但任何考试都不能完全真实地反映学生学业成就的整体面貌。因此，我们要用辩证的眼光来看待学科成就测验，既不能全盘否定，也不能将其视为黄金法则，当成衡量学生学业的唯一方法。

（6）专门调查策略

①问卷策略

问卷策略是评估者向学生提出一系列的问题或情境，要求学生回答有关问题来获得所需信息的评估策略。问卷策略通常用于评估学生的兴趣、态度等。为确保问卷调查结果的真实性，问卷的设计、发放、回收及分析都务必科学、简洁。

②访谈策略

访谈策略又称座谈策略，是指评估者通过与学生进行面对面的交谈来获取所需信息的评估策略。访谈时，评估者可以提出结构性的问题和非结构性的问题。所谓结构性问题是评估者事先确定好的一批问题，无论哪位同学回答的都是同样的问题。非结构性问题则是围绕中心问题的提问，随着访问的发展状况，确定特定的问题。

③研讨策略

研讨策略是指将学生参与课堂活动的表现纳入学生表现评估的内容之中。研讨策略体现了课程、教学与评估的整。研讨评估策略的根本目的在于让学生学会更有效地思考，并为自己的见解提出证据。问题研讨可采用多种方式来实施，它既可以成为学生学业的展示，也可以成为课堂评估的一部分，还可以成为结业作业的展示，无论哪种方式都需要巧妙的问题设计和一套对应的评估准则。

由于研讨策略对教师所提出的引导问题以及教师本身有着较高的要求，因此这种评估策略尚处于引进摸索阶段，目前主要适用于对学业成绩的评估，在评估学生能力发展方面有一定的积极意义。具体来说，研讨式评估的操作步骤如下。

第一，明确教学目标。

第二，选定研讨采用的文本。

第三，教师提出起始问题。

第四，选择记录研讨过程的方式或设计简明的记录表。

第五，以多种方式完成评估。

2. 对教师的评估策略

对教师的评估我们主要介绍对教师授课质量的评估策略。首先要根据教育目标要求制定出科学合理的评估指标体系，然后系统搜集教师授课活动的有关信息，并据此分析和判断教学质量，最终为改进教学工作、提高教学质量提供依据，指明方向。

（1）评估标准

教师授课质量评估可以从教学目标、教学过程、教学效果等方面来考察，这种标准比较简单、具有通用性，可以作为评估的一般标准。

教师授课的评估标准包括指标：媒介指标和终极指标。媒介指标是评估授课过程的指标，注重教师的指导和学生的反应；终极指标是评估授课结果的指标，注重学生的进步、发展以及目标达成的情况等。

（2）常用的评估策略

评估教师授课质量的具体策略有很多，最常使用的是以下三种。

①综合量表评估策略

综合量表评估策略十分注重教学活动的具体分解、对信息化处理和将标准进行统一，因而是一种比较精细的数量化的评估策略。它具有标准具体化、结果准确率高、评估人员主观干扰较少的特点。

②调查策略

事实上，调查策略不仅可以评估学生的学业，还可以同时评估教师的授课质量。问卷和访谈也是调查策略最常用的对教师的评估方法。通过调查策略可了解特定教师在一段时间内的教学情况，多用于专门鉴定教师的综合教学水平的管理性评估。

③分析策略

分析策略是通过对教学工作进行定性分析来评定教师授课质量的，一般没有专门的评估标准，而是依靠测评人员的学识和经验进行评估。分析策略可以分为他评和自评两种方式，其评估结果以定性描述为主。

分析策略的优点是能够突出主题或主要特征，且简便易行。缺点是主观性较强，规范性差。因此，分析策略适用于以改进教学工作为目的的日常教师授课评估，不适合规范的、管理型的教师授课质量评估。

3. 对教材的评估策略

教材是教学活动中最基本的和最重要的资源，也是教学过程的重要组成要素，因此对教材的评估很重要。评价课程材料通常需要涉及的方面有：课程原理、计划、标准、教学辅导材料、教师指南、教学计划和教案等。教材评估的标准主要包括合理性和可行性。为了落实课程教材的评估，必须实现标准的具体化。由于关于课专教材评估的标准有很多，所以在实施时，应根据对象的特点、目的、材料形式及适用领域，加以选择和重组，同时还应确立每一指标的加权方法，并兼顾数量和品质两个方面。

具体来说，常用的课程教材评估的策略包括专家判断策略、观察策略、试验策略和调查策略等。

（1）专家判断策略是利用专家的权威性、中立性及说服力，运用其知识和专长来提供对课程材料的意见和判断。通过收集专家的分析判断意见，可采用调查法、送审法、会议法以及内容分析法等对教材进行评估。

（2）在课程评估中使用观察策略，主要是用于了解教学运作过程、实施过程，确认课程实施的困难及目标达成度，了解课程产生的非预期结果，并确认资料收集的效度。应用观察策略可采用事件记录、查核、系统观察和非结构性观察等方式和技术。

（3）实验策略是将课程方案当成实验处理加以操作，再处理产生结果，进而对课程材料做出判断的一种方法策略。

第七章　现代教育理念下的外语教学

第一节　素质教育与外语教学

素质教育是改革开放以后所产生的新生事物，是深化教育改革的突破口，是新时代的必然选择，是社会发展的客观需要，同时也是21世纪中国教育的光明与希望。它的提出与实施在世纪之交的关键时刻里引发了教育思想、教育观念的一场革命，是一种相对独立、自成体系的教育思想、教育观念。

一、素质教育目标体系框架的构建

素质作为一种稳定的心理品质和行为习惯最终是可以测量的，但作为教育的目标，其运用却是困难的。任何教育活动的成果都是体现为教育对象的初始状态和教育活动结束状态之间所发生的变化。作为学校的教育目标，最终是要转化为作业目标才能得以执行的，在素质和作业目标之间有过多的中间目标，而用外显指标表现素质又有更多失真的假象，这就使得素质目标转化为作业目标十分困难。也正是如此，素质的作业目标研究进展有限。素质教育目标应包含以下几个方面：

（一）知识领域

1. 学科知识

这是整个知识领域的基础，在知识类型上包括关于“是什么”的事实知识和关于“为什么”的原理知识；在知识范围里包括自然科学知识和人文社会科学知识，我们目前课程中的学科知识大部分属于这个范围。素质教育选择的学科知识都是人类知识的核心和精华，是可以在尽可能多的方面及尽可能长的时间里发挥作用，影响人的最大生活领域的知识。学科知识可以明确给出每一个阶段的教育所必须掌握的知识目标，这些学科知识可以转化为具体的作业目标，通过多种教学活动得以实现。学科知识的全部教育成果是可以方便地得到评价和测量的。

2. 意会知识

这也可以称为经验知识，主要是关于生活的经验、关于周围社会背景等方面的基本知识，体现的是人的生活技能和适应社会环境的能力。联合国教科文组织把学会共同生活作为未来教育的四个目标之一，素质教育的任务之一也是帮助学生学会生活。意会知识主要通过学生的实践活动、人际交往、家庭生活和学校教育获得，意会知识也比较容易转化为教育的作业目标，形成素质教育的课程体系，也是可以在完成一个教育阶段后进行测量和评价的。

3. 能力知识

这主要是创新和探索的知识，包括关于创新知识的知识、判断解决问题的知识、怎样做的知识和解决问题的诀窍与技能。这是我国教育所欠缺的，也是面向新世纪素质教育的重要使命。创新是一个民族的灵魂，素质教育需要把创新作为教育的重点和核心。其实，能力从来就不是一个独立的因素，它是由相关方面的知识组成的，学生的创新和探索能力是可以通过知识表现出来的。当然，能力知识在教育目标的层次上属于一个比较高的层次，对测量和评价有更高的要求，但运用对认知领域的教育目标分类同样是可以测量的。在素质教育的目标体系中，设立每一个教育阶段的能力知识目标，主动地实施能力知识教育是培养创新人才的重要途径。相应的评价体系为能力知识的教育目标提供了保证。

4. 信息知识

信息知识主要包括获取信息的技术与方法的知识，关于谁知道和知道如何做某些事的知识。因为它在未来社会中的独特的工具性作用，而把它作为独立的知识类别。关于获取信息的技术与方法的知识在我国已经引起重视，体现在计算机教育的普遍开展，把它归为技能素质。信息知识可以分解为各个教育阶段的作业目标，也是比较容易评价的。

（二）情感领域

情感领域作为教育的输出目标测量比较困难，把输出目标转化为过程目标，把过程和结果结合为教育的目标并进行测量评价是必要的。

1. 心理

这是非智力因素的主要部分，是个体重要的生存能力，是一种发掘情感潜能，运用情感力量影响生活各个层面和人生未来的关键性品质要素。心理方面的素质是素质教育的重要目标，素质教育有必要开设心理保健和心理训练方面的课程。关于情商的理论引起人们对于同个人发展相关心理因素的研究，目前的研究成果主要包括五个方面的内容：情绪控制、自我感知、自我激励、认知他人和人际交往。学校教育中的心理教育目标体现在过程和结果两个方面。由于受家庭和生活环境的影响，教育活动的结果目标难以测量和确认，因此这类目标是通过过程检查、控制行为目标和学生心理测试进行评价的。行为目标主要体现在师生交互作用和班级组织管理，这主要是由教师实现的，因此一部分心理方面的目标要通过教师教育行为进行评价。

2. 品德

品德体现在知识和个性品质，因而可以归为知识和心理方面的教育目标，但思想和品德对社会和个人的特殊地位，使得有必要把它作为独立的教育目标进行设计和评价。必须注意的是教育目标不应重叠，前面的目标中应去掉这方面的内容。品德方面的全部目标可以归为三个方面：公民教育、个人与社会，个人与他人。

3. 思想

思想教育的目标体现在三个层次上：知识目标、情感目标、世界观和方法论。

（三）动作技能与健康

动作技能与健康是素质教育目标的第三个领域，这个领域主要包括保持健康和运动的知识、运动的技能、良好的生活习惯。我国传统的体育教育，目标主要集中在学生的运动技能上，忽视学生健康素质的提高。素质教育应把保持健康的素质作为重要内容。主要包括：

1. 保健和运动知识

这是知识教育目标，作为独立领域要与知识领域避免重复，主要通过课程教学的各个环节使学生获得相关知识，通过测验进行目标评价。

2. 运动技能

通过运动教学使学生提高体能的相关指标，掌握各种运动技术和技巧，使每一教育阶段设立运动技能目标，目前的评价体系是健全的。

3. 生活习惯

这是一种养成教育，是通过不断重复形成的，主要通过学校规范化的生活程序，养成学生的良好生活习惯，并通过学校社会活动观察和检查实现评价。

二、推行素质教育的关键

（一）推行素质教育要立足于现实

现实是一切活动的背景和基础，它既提出需要又做出限制。素质教育所面临的现实错综复杂，其中最主要的有以下方面：

第一，现在知识经济已初见端倪，任何国家无一例外地都将接受新经济的考验。取胜的道路只有一条，那就是知识创新，而只有培养出大批具有创新精神和创新能力的人才，才谈得上知识创新。所以创新精神和创新能力的培养已经成为一个国家的命脉。

第二，我国是一个发展中的人口大国，岗位供给少，而就业需求极大，供需矛盾十分突出。由于就业与否以及职业等级的高低，对一个人的生存具有无法估量的价值，所以在就业问题上谁也不敢马虎。而学历水平在决定一个人的就业与否以及职业等级的高低中，具有至关重要的作用，所以绝大多数人都把高学历看作生活幸福的保障。

（二）推行素质教育必须立足于稳健的行动

没有行动，再好的理论也只是幻想；不够稳健，再有利的行动也会败走麦城。所以稳健的行动是在现实社会中推行素质教育的最后落脚点。行动有两个要义：一是摒弃幻想清谈，以务实为本。二是重视教育建模。模式既是理论和实践的中介，也是教师教育行动的标本。没有模式的理论很难落实为实践，没有模式的实践很难上升为理论。所以科学模式建设是素质教育行之有效的基本保证。当然，模式的建设既不是唯一的也不是一步到位的，我们只能在实际操作中，边探索边完善，力求在行动中贯穿研究，在研究中设计行动。

稳健也有两个要义：一是充分尊重现实。充分尊重现实强调素质教育的推行必须走区域化的道路。我国是一个人口众多、经济和社会发展极不平衡的国家，在这样的国家搞素质教育必须根据具体的社会现实，以政治、经济、文化状况同质性较强的县市为单位，通过谨慎试验，获得典型经验后，再进一步在本区域内推广，从而构筑起一个可行的素质教育区域框架，使素质教育与地方政治、经济、文化状况相适应。二是维护绝大多数人的最大利益。素质教育是对现行教育的一种改革，任何改革都必然地会对人们的利益关系做出调整，而利益关系是决定人们改革意愿的关键。为了使素质教育能得到绝大多数人的真心拥护，我们必须确保每一项素质教育措施都能充分顾及绝大多数人的最大利益，防止不公平和不彻底的教育利益分配。

（三）推行素质教育必须立足于有效的多元化

多元化是指素质教育理论探索和实践模式的多样化。理论探索的多样化表现为研究视角的开放和学术批判的畅通：

第一，研究视角的开放强调素质教育的研究不能固守一隅、死咬概念。从基本含义看，我们不妨把素质教育和应试教育分别视为“科学教育”和“错谬教育”，而实际发生的教育则自古以来就是这两种教育的错综纠合。所以，研究素质教育在外延上可以等同于探索教育规律，在内涵上可以囊括古今中外的一切教育智慧，不是非得扯上“素质教育”之类的词儿，才叫素质教育研究。这样，我们所能领略的素质教育景观就会广阔得多。

第二，学术批判的畅通强调素质教育的研究应鼓励多种声音。在目前“素质教育”盛行的时候，我们更应该听听反面意见。实践模式的多样化表现为素质教育运作可以有不同的起点、层次和方法。我国是经济和社会发展极不平衡的人口大国，这个国情决定了我们的素质教育是一种不平衡的素质教育，它必然存在差异和不平等：东部富裕地区以“创新教育”为中轴的教育是素质教育，西部贫困地区以提高识字率为中轴的经验也是素质教育。当然，多元化必须以“有效”为条件，有效是指理论和实践必须是指向实际问题的，是有利于提高教育效率和改善教育效果的。

三、外语教学中的素质教育

具体来讲，在外语教学当中推行素质教育应注意几个环节，即教的环节、学的环节以及管理环节。三者缺一不可，它们构成一个有机的整体。

（一）教的环节

1. 人格是前提

教师的人格是教育手段的重要组成部分。教师为了陶冶学生的思想情感、意志和性格，养成良好的行为习惯，只有用自身良好的行为规范和智慧来吸引学生，用健康的心理影响学生，用自己的言行做学生的榜样，由此产生强大的吸引力和说服力，达到素质教育的预期效果。

2. 素质是基础

培养学生的素质必然也对教师的素质提出相应的要求，一个适应素质教育的教师应具备以下素质：

第一，具有未来意识和超前的教育创新能力。现阶段培养的人才不仅应满足第一任职需要，更重要的是着眼于21世纪知识经济时代对人才的要求，所以我们的教师要面向未来，着眼于学生的长远发展开展教育教学工作；

第二，具有教改意识和奉献精神。素质教育与传统的“分数式教学”有着本质的区别，这就需要教师全身心地投入到教学实践活动中去，不断摒弃旧的教育思想观念，瞄准新时代对人才的要求，在教学内容、手段等方面不断探索、不断创新；

第三，具有较强的教学业务能力和科研能力。教师应不断钻研业务知识、积极参与科研学术活动，及时把最新、最先进的基础理论和专业技术知识传授给学生；

第四，不断更新知识结构，掌握本学科前沿发展动态。

3. 方法是保障

教学大纲往往对教学方法没有很具体的规定，而实际上，课堂的设计、教学方法和教学手段的选择对素质教育的贯彻是一个重要的保障条件。和以往的教育相比，素质教育对教学方法至少提出了四个方面的要求：

第一，变学生被动学习为主动学习。要求在培养学生的学习兴趣、激发学习的内在动力、调动学习主动性上下功夫，使他们真正成为学习的主人；

第二，给学生留出必要的时间与空间，让他们自己去思考并得出结论。这就要求教师改进授课方式，实践的东西精讲多练，理论的东西精讲多思；

第三，变单向教学过程为交互式教学过程。此项要求对外语教学更为重要。外语课本身就是实践性很强的课型，满堂灌的单向输出教学方法怎能让学生提高动口能力呢？即使是其他科目，也应多设计一些综合性问题，让学生自己根据已学知识进行扩展、延伸和综合，多讨论与交流，以培养学生独立思考能力、联想能力、综合分析能力以及表达能力；

第四，要促进教学手段的现代化。应大力推广和运用计算机多媒体辅助教学系统，使其充分参与教学的全过程。

（二）学的环节

1. 掌握学习原则

学习原则是指我们在学习活动中观察问题、分析问题、解决问题的准则。

第一，积极主动性原则。要求学生要有明确的学习动机，强烈的求知欲，高度的自觉性以及战胜困难的坚韧毅力。

第二，理论与实践相结合的原则。这不仅要求学以致用，培养学生运用知识于实际的能力，而且原则本身还有助于充分理解记忆知识。

第三，“博学”与“专精”相结合的原则。传统教育注重“专精”，而大学生的素质教育要求两者有机结合，并格外强调“博学”的重要性。要做到博学，首先要强化基础理论；第二，要向边缘和综合学科开拓，以本专业为核心，不断接受新的科学技术知识；第三，要博采众长，博闻强记。

第四，系统性和循序渐进原则。学习不得任意破坏知识的系统性和知识的完整性，要掌握学习顺序性规律。

第五，掌握知识与发展智力相统一的原则。

2. 把握学习途径

传统教育的学生，往往只重视教师讲课，而轻视其他方面的学习途径。实际上，每一门知识都可以通过不同的途径去掌握。知识渊博的人都非常重视利用各种途径丰富自己的知识。素质教育下的学生应学会把握听课途径、阅读途径、求师途径、交流途径以及实践途径，不断挖掘潜力，开发潜能，体现学习主导者的作用。

3. 处理过程关系

学习的具体过程一般可分为感知、理解、巩固、应用四个阶段，而其中起作用的核心智力因素分别是观察力、思维力和想象力、记忆力、实际操作能力。所以，学生在学习的过程中，应善于处理感知与观察的关系、理解与思维的关系、巩固与记忆的关系、应用与技能的关系，使学习过程科学化。

4. 保护学习环境

环境是学习的重要条件。素质教育除了对教育体制在环境方面有所要求外，还对学生自我保护学习环境提出了较高的要求。从目前情况看，学生起码要保护三种类型的学习环境。

第一，时间环境。“谁能拥有更多的时间，谁就能获得更多的知识”。运筹时间，一要把握好高效性、整体性、科学性、定时性以及按质用能五项原则；二要处理好现实时间和预期时间、工作时间和自由时间、整体时间和零星时间的关系；三要学会对时间的整段安排、阶段安排、短时安排、精确安排、弹性安排。总之，要逐渐具备最大限度利用时间的能力。

第二，空间环境。这是相当于“硬件”的一种物理环境，每个学生对此需要考虑两个方面的问题。第一是创设一个良好的环境，尽可能做到在好的环境下（教室、图书馆、自修室等）进行学习；第二是在不利的环境下（喧嚷的地方、多干扰的室外），利用不同的方法，变不利因素为有利条件。

第三，心理环境。保护心理环境就是用保持自己心理健康的办法来适应各种各样的环境，取得较高的学习效率。心理环境的核心因素是自我意识，它通过认识的、情绪的和意志的形式表现出来。这就要求学生一要正确地认识自己，二要愉快地接纳自己，三要自觉地控制自己。这样，一方面能为社会所接受，另一方面能为本身带来欢乐，从而创造出一种宽松的心理环境。

（三）管理的环节

管理的环节以前很少有人提起，这实际上是一种极端错误的认识。其实，科学、正规的教学管理是保证素质教育正常进行的重要基础工作，离开了这一环节，其他两个环节也难以联结形成系统。

面对素质教育，教学管理应搞好三项改革、两项开发工作。

第一，改革教学管理制度，包括完善“淘汰制度”，从根本上解决学生学习动力不足的问题；

第二，改革教学管理方式，摆脱“统得死就是管得严”的思想束缚，给学生以选择学习内容、方式、时间、场所的自主权，为学生创造全面、生动、活泼、主动、和谐地学习和发展的良好环境；

第三，改革教学管理手段，运用多媒体技术，建立管理信息系统，提高管理的现代化水平；

第四，开发非课程教学体系。非课程教学活动是相对于由教研室组织实施的课程教学活动而言的。它主要通过非课程教学活动，采用组织激励、组织压力、组织竞争、组织效能等特殊方式，达到提高学生整体素质的目的。教学目标包括基本素质（身体素质、精神气质、思想道德、立身做人、思维方法、人际关系、组织观念、工作思路）和定向素质（语言知识、科技知识、政治工作）。教学形式多样，诸如讲课、讲座、研讨、参观、交流、实习、总结等。对非课程教学体系一定要加强统一规划和组织领导，把非课程教学体系纳入学校合力育人轨道，使素质教育通过多途径实现；

第五，开发非智能因素。在教学实践活动中，人们往往偏重于课堂教学，却容易忽略教学对象的非智能因素。应该看到，非智能因素在促进教育对象成才过程中有时较之智能因素具有更重要的意义。

非智能因素包括：动机、兴趣、情感、性格、毅力、理想、信念、世界观等。非智能因素在人们的学习、工作、创造活动中，起着指向、动力、激励、维持、强化等多方面的作用。正因为如此，素质教育应高度重视非智能因素。

显然，非智能因素的开发与培养是素质教育的重要组成部分，它一方面可以从课堂上获得，但更重要的途径是课外，这无疑对教学管理部门提出了更高的要求。

第二节　创新教育与外语教学

一、倡导创新教育的原因

（一）创新教育是知识经济时代的内在要求

知识经济，顾名思义，它是指“以知识为基础的经济”。与以往的经济形态相比，知识经济的最大不同在于，它的繁荣不是直接取决于资源、资本、硬件技术的数量和规律或增量，而是直接依赖于知识或者有效信息的积累和利用它建立在日益发达的、成为未来经济主流的信息产业之上，强调产品和服务的数字化、网络化、智能化，主张个性化商品的规模生产，是能够按用户需要进行有效生产和服务的经济，也是当今世界一种新型的、富有生命力的经济。在一些发达国家，知识经济已开始显示出巨大的优越性和发展活力。毋庸置疑，知识经济必将逐步占据21世纪国际经济的主导地位。

1. 知识经济对人才素质提出了新要求

21世纪知识经济的竞争，实质上是人才的竞争，归根到底是教育的竞争；谁掌握了21世纪的教育，谁就掌握了21世纪知识经济竞争的主动权。伴随着现代生产和现代科技的迅猛发展，教育的创造性将成为21世纪教育的一个重要走向和重要属性。其一，纵观人类历史，我们可以发现人类社会之所以加速发展，一是由于人类创造的文明成果的继承和积累，更重要的是由于人类的创新能力的极大增长。正是人类永不停息的创造活动才推动着历史不断进步。在知识经济时代，创造性的智力活动成为人们活动的主要形式和社会发展的强大杠杆。可以说，当今世界的时代精神就是创新精神，不创新就落后。因此，培养创造性人才是时代的要求，是教育面向21世纪的重任。其二，知识经济是以创造新的知识产品为基本特征的经济，信息传递快捷，知识更新迅速，使得衡量一个人素质的主要标准不再仅仅是占有知识的多寡，更重要的是创新意识和创新能力的强弱。换言之，强烈的创新意识和旺盛的创造能力将形成未来人本质力量的要素，而这种创新意识和创新能力有赖于教育的创造性。其三，过去往往只强调人对未来社会的适应，对一个预想和定型的未来世界消极被动地调适，而知识经济时代则要求人极大地发挥主观能动性的创造潜力，主动去改造环境、创造未来，使环境、社会与人处于一种良性互动的适应状态。

2. 知识经济对高等教育提出了新要求

知识经济的出现预示着人类社会生产和社会生活的一场革命，人类正步入一个以知识（智力）资源的占有、配置、生产、分配、使用（消费）为最重要因素的新时代。在知识经济时代，创新是经济发展和社会进步最根本的原动力。一个拥有持续创新能力和大量的创新人力资源的国家，将具有发展知识经济的巨大潜力，从而有足够的能力迎接知识经济带来的机遇和挑战。我国要在21世纪的国际社会中占有一定的地位和具有较强的竞争实力，必须培养大批具有创新意识和创新能力的高素质人才。

知识经济的到来，对于我国高等教育发展既是一个机遇，更是一个挑战。我国高等教育的根本任务是培养和造就高素质的专门人才，所谓“高素质”，主要是指有较强的创新意识和创新能力。

中国高等教育与世界发达国家高等教育水平的差距主要是在人才创新能力的培养上。创新教育是时代和社会发展的强烈要求，但却是我们过去的薄弱点，因此，从发展知识经济的角度看，中国高等教育未来发展所要解决的核心问题是大学生创新能力的培养问题。所以高等教育的改革必须把创新能力的培养作为首要的改革目标，贯穿于教育的全过程，建立起可提高创新意识和创新能力的创新教育模式，为社会培养大量的创造性人才，以迎接知识经济的挑战。

（二）创新教育是面向 21 世纪高等教育改革的方向

21 世纪是知识经济的时代，知识经济的核心特征是知识创新，知识的创新就需要大批的创新人才，创新人才的培养呼唤创新教育。为此，高等教育要主动适应知识经济发展的要求，确定创造性人才的培养目标，建立创新人才的培养模式，改革教学方法，提高师资的教学与科研创新水平，营造良好的创新环境和条件，为社会培养更多的具有创新精神和创新能力的高素质人才。

1. 创新教育是高等教育改革和发展的内在要求

创新是高等教育的基本属性和重要功能。这种属性和功能表现在直接和间接两个层面上。在直接创新的层面上，它通过创造现实的文化成果来实现。如新学说、新理论、新方法、新工艺、新材料等等，它们直接推动经济的发展和社会的进步；在间接创新的层面上，则表现为培养创新人才，通过这些人才来实现各种创造活动。后者所释放出来的推动社会进步的能量、要比前者大得多。问题在于我们的现实教育实践中，由于受传统教育思想思维定式的束缚和应试教育的错误导向，使得高等教育仅作为职业教育和谋生手段；满足于考取学历、取得文凭，忽视了素质的培养和提高，尤其是忽视了创造力这个个体综合素质中最具生命力的特殊素质的培养和提高。高等教育的创新功能受到了干扰和抑制。这不仅使培养的人才缺乏创新能力，不适应社会的需求，而且也严重制约了高校自身的发展。当前高等学校必须努力更新教育观念，确立现代教育意识，改革教育内容和方法，尽快走出传统教育的种种误区，全面推行创新教育。

2. 创新教育是当前高等教育改革的核心

（1）探索未知将成为当今大学教育的时尚

知识经济时代，财富的形成不再仅仅取决于对现有可利用资源的有效配置，更重要的是取决于人类对自身智力的开发，如对知识的不断更新，对技术的不断创新。因此，对每个人来说，开发、培植、占有未知的东西的理想途径就是学习，学校开展各种类型的教育给每个人以增长新知识的机会，满足所有人的需要。作为一所大学探索未知的东西，那就是知识创新和创新教育。教育的多元性、创新性是提供未知东西的最有效途径。

工业化时代的大学教育是以传授知识为主，只有少数人去从事知识创新活动。在知识经济时代，传授知识仍为大学教育的基础，在此基础上要有更多的人从事创造活动。只有有能力把自己的知识和智力投入创新活动的人，才能适应知识经济发展的需要。知识经济时代的教育，要求人具有包括学科知识、综合知识形成的素质和能力，要求人们能够获取、应用和创新知识，并把自己的知识创造性地表现出来。知识经济时代的教育的核心是创新能力的培养。

（2）国家创新体系需要高校充分发挥作用并成为国家创新工程中的关键与重要环节

由于以知识为特征的人力资源资本成为主要的生产要素，而知识以知识经济为土壤，以高新技术的形式对经济的迅猛发展将发挥重要作用。教育作为知识的传承和创新园地，自然应是社会的中心之一；同时，由于创新能力的所有者成为社会经济价值的主要创造者和拥有者，进而成为社会生活中最受尊重、最有社会地位的人，所以人才是创新能力的载体和潜在形式，产生人才的高等教育自然应该是创新体系的基本组成部分。

由此可见，高校在国家科技体系与经济增长中的地位和作用是非常明确的。高校不仅是新知识、新技术的重要基地，而且要在这个基地上为社会造就有创新素质的优秀人才，使科技创新和经济增长能够持续发展。可见高校对国家创新体系的构建负有十分重要的历史使命，高校只有发展自己的创新能力，提高创新水平才能不愧于其在社会发展中的中心地位，为国家创新做出更大贡献。

（3）开展创新教育的研究，为大学教学改革提供思路

创新教育不同于传统教育，而是在传统教育基础上改革发展形成的。创新教

育是培养和造就创新人才的教育，只有确立新教育质量观，才能培养出具有创新意识和创新能力的人才。造成我国传统教育和创新教育的差距的一个主要原因，就是教育长期以来比较注重知识的传授，而不太重视创造能力的培养。因此，重视创新教育已成为我国教育教学改革中刻不容缓的任务。为了加快实现创新教育，必须更新教育观念，特别是教育质量观念：由单纯注重专业知识的教育，转向既注重专业知识教学又要注意掌握厚实的基础知识和丰富的人文知识的结合；由单纯注重传授和学习已经形成的知识，转向注意培养实现知识创新与技术创新的能力相结合；由单纯根据掌握知识的多少来衡量质量，转向不仅要以掌握知识的多少来衡量质量，还要特别注重从能力和素质的角度衡量质量；由单纯强调全面发展，转向既强调全面发展，又要注意个性发展。

二、实施创新教育的途径

（一）实现教育观念的创新

作为学生直接接受教育的场所——学校，更应该转变传统的教育价值观、人才观、学生观，确立创新教育观念。创新教育的核心思想是，教育不是为了让人们保存旧的观念，而是帮助人们不断创造新的价值；不单是让人们面对过去和现在的问题，又是帮助人们迎接未来的挑战。它通过不断激发人们的首创精神，使人们学会和实践对付未来问题的新的方法、新的技能、新的态度、新的价值，为创造自己所期望的未来做好准备。这就需要我们首先要更新教育观念，即彻底改革“应试教育”观，树立创新教育观，要以创造性人才成长和发展的规律为依据，以知识经济发展对人才素质的要求为导向，以培养创造性学生为目的，创新人才培养模式，改单一传授式教育为开发式教育，改教条式教育为探索式教育，改强制式教育为民主式教育。具体来说，需要确立三项基本观念：教育的终身化、教育的民主化、教育的个性化。20 世纪 40 年代后科学技术的突飞猛进促使知识爆炸性发展，人们很难将某一阶段学习所获得的有限知识有效地运用于整个人生。学校教给学生一定知识，已不再是教学的唯一目标，甚至不是主要的目标。要通过知识的传授，使学生获取学习新知识的基点，掌握获取新知识的方法，并形成独立判断、独立处理问题的能力。教育的民主化、个性化就是要尊重学生的个别差异，相信每个学生都有一定的创新潜能，只要教师在教育过程中形成有利于创新的民主氛围，因材施教，每个学生的创新潜能就都能得到不同程度的发展。在此意义上，现代教育的作用正是让每个人在其生命历程中能充分发展自身，激发全部潜能，提升个人生命的价值。

（二）实现教育制度的创新

这是影响教育性质、发展方向、人才培养质量的关键因素。我国现行的教育制度是在彻底废除旧中国封建的教育制度后逐步建立和完善的。它充分体现了社会主义教育的本质特征，在制度上保障了社会主义教育的健康发展。但是，由于制度的相对稳定性，因而它难以及时适应社会变革和发展的要求，并且，由于旧文化、旧传统、旧观念以及其他制度的影响与制约，现行的教育制度还存在一些不完善的地方，最突出的是考试制度和招生制度。

（三）实现教育内容的创新

根据世界经合与发展组织的报告——“以知识为基础的经济”的解释，知识经济中所谓的知识分为五种类型：关于“是什么”的知识，关于“为什么”的知识，关于“怎样做”的知识，关于“是谁”的知识和关于“在哪里”的知识。前两类是“硬”知识，后三类则是“软”知识。在知识经济时代，硬知识与软知识必须完整结合。面向知识经济的课程，应该是“面对复杂的需要”，“考虑到有关各学科的补充性和计划性中的教育目的，而把所有因素有机地合成一个新的复合的整体”。发达国家广泛开展的综合课程便是硬知识与软知识的有机结合，这种综合课程已成为世界各国课程发展的主要趋势。当前，课程、教材的研究和建设也成为我国教育研究的一个热点。创新教育内容，就是要构建科学的教育内容体系，摒弃学科中那些已被科学发展超越的东西，补充现代与未来科学中具有基础意义的新内容。多采纳以未来为导向的动态的学习材料，取代传统课程中以过去为指向的静态的学习材料，让学生学习和掌握那些具有应用潜力和再生作用并能为学生适应未来变化、创造未来生活、服务未来社会做技术准备的知识信息。课程改革应当反映当代科技成就中包含着的现代科学思想，注重学科间的交叉渗透和综合，强调理论和实际相结合，学以致用，强调人与自然、社会协调发展的现代意识。

（四）实现教学方法的创新

实施创新教育，培养高素质的创造性人才，教学方法的改革是极其重要的一环。一是要从时代和社会发展的特征和趋势的高度，来重新审视过去的教学方法。例如，长期以来盛行的“灌输式”“填鸭式”的教学方法，以及过分强调系统性、完整性、讲细讲透等等教学要求放到现代科技迅猛发展、知识量激增以及信息化的时代背景下来看，这是不可能和不必要的，因为即使在一个很窄的专业领域，也不可能把所有的知识都“灌输”给学生，知识是没有“填满”的时候的。不给学生留有自己思考的余地，就不可能培养出独立思考、大胆创新的品质。二是要从传统文化的角度研究和改革教学方法。三是要真正确立学生在教育活动中的主体地位。学生是教育的主体，学生获得知识、培养能力、提高素质主要依靠自己的主动性。创新教育的学生观，要求尊重学生的主体地位，尊重学生的自主精神和选择性要求，发挥学生的主观能动性和首创精神。为此，要积极倡导和推行以学生为教育主体的讨论式教学、辩论式教学、问题教学、案例教学，充分发挥学生的学习主动性，以锻炼他们观察、分析和解决问题的能力，帮助他们树立独立思考、大胆创新、探求未知的意识。

教育实践证明，教育方法对于教育的成败及学生的智力和创造力的开发，起着十分重要的作用。因此，教育方法的改革和创新，均是历次教育改革的重要内容之一。传统的教学方法多是粉笔加黑板的灌输式教学，这种陈旧落后的教育方法使学生始终处于被动接受现成知识的地位，忽视了学生学习的主动性和积极性，抑制了学生的独立思考和创造能力。实际上，教育不应是单向灌输或注入，也不是“锻造”，而是师生的双向交流，学生既是教育的对象，更是教育过程的主体。教育者的任务不应是仅仅告诉学生该干什么，该知道什么；而应唤醒、鼓舞、激励学生的探索兴趣和创造性，启发引导他们学会学习。教育的成功与否在很大程度上取决于学生参与教育活动的自觉性和积极性。学生掌握知识、认识客观世界，是主动的探索过程。教师在教育过程中的主导作用，也主要体现在充分发挥学生的积极性和创造性上，体现在启发引导学生的主动探索上。因此，必须改革旧的教学方法，要废止填鸭式、一言堂、保姆式教学，大力提倡启发式、民主讨论式、引导式教学。要教给学生知识，更要培养学生学会发现问题——提出问题——分析问题——解决问题——再提出新问题的创新能力，鼓励学生敢于打破“书本权威”“教师权威”，求新求异。教育者还要有意识地给学生创设时间、空间、权利、困难、冲突，让他们去安排、去探讨、去选择、去解决。要在学生出现困惑和偏差时，结合实际给以点拨，不能无意或有意地剥夺学生充分发展的机会。应通过多肯定、多鼓励的行为使学生体验进步的喜悦，增强自信心。让学生通过实践去感受、去领悟、去升华，这样学生才会从一个被动者转变成一个主动探索者。通过一系列有益的实践活动，学生才会从中感悟到学习的实质。自我教育使他们学会学习，并会伴随着困难的克服和成功，变得自强、自立、自信、有主见、有创造性。

（五）培养教师的创新作风，提高科研的创新水平

创新人才培养的一个重要前提是教师。教师创新能力的高低，直接影响教育效果。教师有很高的创新才能，就会培养出创新人才；教师如果没有创新能力，不懂得如何激励创新能力，那么教育活动本身也就必然失去创造性。在这种情况下，创新人才就会被压抑和埋没。由此可见，教师具有创新能力对创新教育的实施至关重要。教师要主动放弃自我权威中心意识，尊重与众不同的疑问，尊重与众不同的观念，坚持百花齐放，百家争鸣，并鼓励学生自己积极、主动地去发现问题，提出新的假设，寻找解决问题的办法。

在创新人才培养的教育体制中，对高校教师提出了更高的要求。教师不仅要精通所教学科的专业知识并懂得相应的教学方法，而且还要通晓创新教育、素质教育的方法与艺术，特别是要具有开展学术创新和探求新知识的科学研究能力。尽管这不是一朝一夕所能达到的，但必须从现在起就朝这个方向努力。此外，应当完善师资培训制度，在教师中引入竞争机制，如打破教授终身制，促使教师努力提高自身素质，不断更新和调整自身的知识结构，最大限度地发挥教师在教学创新和科研创新上的积极性和创造性。

（六）实现环境和条件的创新

要培养创造性人才，必须营造有利于创新的环境。我们现在有很多管理方法并不鼓励创新，例如为保证教学质量而编制规范的教学大纲，要求教师在教学中都按大纲要求去做；以闭卷笔试为主要形式的考试方法，要求统一命题、统一答卷标准。这些做法对制止不负责任的教学活动有一定帮助，但对教学的创新和培养学生的独立思考能力、创造能力则有害无益。再如，在教师的职称评审中，过于强调论文、著作的数量，对这些成果中的创新性的评价却明显不够，这种导向无疑妨碍了人们探索创新的积极性。因此，高等院校要进一步改革教学与科研管

理体制，鼓励大胆创新，如在教学管理上，教师的授课方法、课程的考试形式应不拘一格，重在效果；在科研、人事管理上，职称评定应科学化、规范化，应当以论著的质量为奖励、评职、提薪的标准，树立精品意识，有重大科学创新，一篇文章就可以提教授。总之，我们要创造出良好的创新环境和条件，营造一种自由、民主、宽松、尊重个人创造精神的教学环境和学术气氛，建立有利于优秀人才成长和脱颖而出的机制。这对开展教学创新和科研创新，培养创造性人才是至关重要的。

三、外语教学中的创新教育

近年来，随着外语教学改革的不断深入，培养学生的创新思维能力已成为广大教师普遍关注的热点。如何培养学生的外语创新思维能力，使学生跃出教科书框架，学活书本，这已成为教育工作者当今需要解决的重大问题。创新思维不是天生就有的，它是通过人们的学习和实践而不断培养和发展起来的，在外语教学中如何有效地培养学生的创新思维呢？我们认为应从以下几方面做起：

（一）立足双基，精心设置学案，激发创新思维

众所周知，只有量达到一定的程度，才会有质的飞跃。学生学习外语也是如此。首先，他们要把书本上的基础知识学好，奠定知识基础，因为基础知识为思维能力的培养提供了可能和基础，即“知识提供的是思维的原始材料”。在外语教学中，我们立足于双基教学和训练，力求做到学生学有发展，学得活，学得透。要求学生灵活运用所学知识，要求充分理解而不是死记硬背。同时，把掌握知识的重点放在思考力上，根据学生思考问题的方式和特点，通过各种渠道把知识结构铺垫成学生思维的方式，通过提问、启发和点拨，引导学生思维，鼓励学生多角度思考，在学习知识的同时，训练思维方法，用思维方法指导知识学习。

学生要掌握好基础知识，是与教师的指导分不开的。古语云：“授之以鱼，不如授之以渔。”只有教会了学生科学的学习方法，学生的能力才会得到提高。要为学生精心设置学案，对每单元的课文阅读采取“自学”“共学”和“练习”的方法。“自学”，是指学生针对学案中的目标和要求进行预习，在预习过程中，要求他们完成记词义，长难句分析，段落大意和全文中心思想的归纳，让学生理清文章的脉络，了解课文的重点和难点，发现问题。然后让每一位同学准备一本

预习心得本，将难点记录在本子上，交给老师，老师在备课时认真阅读学生的预习心得本，了解学生的疑点在哪儿，然后有针对性地拟订教案，这样在上课时，就既突出了重点，又节省了时间，提高了效率。“共学”，是指让学生在充分预习的基础上，教师在课堂上就重点、难点展开共同的学习研究活动，教师在关键处进行点拨，针对学生的疑难进行解答。在课堂整体教学上，学生“画龙”，教师“点睛”。然后，在“自学”和“共学”的基础上让学生去“练”，教师精选文中出现的重要字、词、句型、编成练习，让学生进行必要的巩固，使他们把学到的知识转化成能力。

实践证明，这样做，学生不是学少了，而是学多了，学活了，在教师指导学生自学时，教师结合目标教学，要求学生针对目标，做到读思相结合，激发了学生积极思考，发现问题、提出问题和解决问题的能力。这样做也无疑使学生自学外语的能力得以明显提高。

（二）课堂中巧设疑问，引导创新思维

在教学中，教师应注意多角度、多方位地设计各种思考题，发展学生横向、类比、逆向、联想等思维，使学生不单单停留在理解和掌握所学的内容上，而且要利用现学的知识，结合已学知识去创造，去探索，培养他们的创新思维，增强创新能力。在课文教学时，应经常采用多种思维训练法，培养学生的创新思维。根据教材的语言材料，设置疑点，引导学生对课文内容进行再加工，鼓励学生从不同方面，不同角度进行思维。

总之，只要教师在课堂上巧妙地适时设问，对学生进行多种思维训练，那么学生的思维创造性便能得到充分发挥。

（三）不断改进教法，开发创新思维

随着现代教育的不断改革，开拓未来学生的教育必须立足于精选的教材和科学的教法。要实现课堂教学的创新教育，教师只有千方百计地拓宽学生的知识面，用大量生动有趣的题材去刺激学生的好奇心理，才能刺激学生的创新思维。然而，激发学生的兴趣，提高课堂教学效率，要从改革教学方法入手。

1. 创造性复述

复述的过程实际上就是用大脑思维的过程，它可以训练学生的各种思维能力。因此，在课文教学上让学生进行创造性的复述，学生在把握原文主题、故事

发展的基础上进行大胆、合理的想象，对原文内容和形式进行加工、整理、归纳、改写后进行复述，这样做，能促进学生语言知识能力的迅速转化，有利于开发学生的智力，培养学生丰富的想象力，开发其创造性思维。创造性复述可分为三种：①变更复述：让学生变换人称、时态、语态或文章体裁进行复述。②续篇复述：根据故事可能发生的变化，利用原有知识发挥想象，讲述故事可能出现的结局，这种复述有利于培养学生的想象力和创造意识。③概括性复述：根据材料所展示的内容进行分析、概括、推理，总结全文大意或段落大意。这是较高水平的复述，学生需要很强的归纳能力。

2．发挥性演讲

在上精读课时，尽可能地把课堂上的问让给学生，让他们能够充分展现自己，争取说话的机会。

综上所述，复述和演讲是一种培养学生各种语用能力，激发学生创造性思维的有效教学方法。因此，在教学中，教师应该根据学生的实际水平和不同层次，选用适当的方法，使教学达到理想的效果。

（四）进行积极评价，鼓励创新思维

学生是一个需要肯定、褒扬，需要体验成功喜悦刺激的群体。在课堂教学的创造教育中，教师的信任和鼓励会直接影响到学生求知欲的产生，能影响到学生创造意识的萌发和创造力的产生。在教学中，学生往往会产生一些稀奇古怪的想法，这时候，教师如果给以严厉的批评、指责、训斥，那么将会压抑学生那些朦胧的、零碎的、不成片段的思想，从而阻碍学生创新思维的发展。课堂上，学生只有处于一种和谐宽松的关系和环境之中，才能激起主动的内部活动。这就要求教师对学生的学习行为及学习结果、反应等做出积极的评价，鼓励学生的创新思维。在评价中，应注意客观、公正、热情、诚恳，使学生体验到评价的严肃性，注意发挥评价的鼓励作用。以鼓励为主，满足学生的成功需要，调动他们的积极性。建议用以下方式进行评价：

1．鼓励性评价

鼓励学生“异想天开”“标新立异”，对于回答错误的同学，不宜马上说：“No，you are wrong.”，而是说：“Please think it over.”。

2. 分层次评价

不同程度的学生，设以不同程度的要求，并分层次评价指导。对优秀学生，给予严格和高要求的评价，如“well done！ Good job!You are making progress!”；对差点儿的，给予肯定、鼓励的评价，增加他们的自信心，尊重他们的自尊心，如“You’11 be a lot better if you are more careful with your spelling work.”

（五）以情育情

一位外语教师的教学如何围绕创新教学这个目标开展一系列的教学活动，是与情感因素紧密相连的。试想，在课堂上，教师如果板着脸，严肃的神态已经使学生怕你三分，情感交流就无法进行。反之，教师自己情绪饱满，精神焕发地进入课堂，在课堂内始终面带微笑，学生们就会觉得亲切，受到感染，积极的情感随之产生。因此，借助于上课前几分钟的 warming up activities（课前热身活动）至关重要。通常对于低年级的学生，教师以热情、和蔼的相关问候语句开始，进而回答一些简单的日常生活内容。如 How are you feeling today？ How are you？ What’s the weather like today？ What’s up？等等。同时，穿插一些国内外的新闻、笑话、校园文化、轶事趣闻等比较有深度的内容，这样教师饱满积极的情感通过以上媒介、手段，构成了一个弥漫积极情感色彩的场景，感染了学生，创设了一种优美、平静、和谐的外语学习环境，渲染铺垫了英语学习的气氛。置身于这样一个情景之中，学生们就会愉快地进入下一个阶段的学习——课文学习。可见，教师是英语学习课堂内情感的活化剂。

（六）实物演示

在外语教学中，大量运用实物、教学图片、幻灯片等多媒体手段，让学生置身于直观生动形象的情景里，经常为外语教学所采用。一来是直观的内容更容易被学生理解，二是学生由景生情，更容易引起情感共鸣，产生丰富的情感想象，进而生成与景相符的语言内容。最重要的一点是可以培养学生用外语思维的能力。

（七）注重示范作用

教师在授课中注意身体语言的运用将对学生的外语学习起到积极的推动作用。如表示认可的点头、鼓励性的微笑、肯定的手势等。同时在课堂内的适当走动、认真倾听学生们的发言、帮助他们解决个别词或词组问题，都具有很强的亲和力。以上这些都能使学生获得愉快的情感体验。学生们会认为他们的一言一行都受到了老师的注意及尊重。当然，课堂教学中教师还需增加班级活力，使同伴之间通过了解对方而相互认同和吸引。这就要求教师培养外语学习积极分子，经常在班级里表扬他们，朗读他们的优秀作业，张贴他们的佳作，并推荐给外语刊物。同时，教师还可以鼓励大家交流学习方法，因为榜样人物的力量是无穷的。对责任心强，功课好，又肯帮人的学生榜样，学生会有跟随、模仿的倾向。特别是当教师给了一个词组或句式，要求学生练习时，学生榜样的作用是很大的。有了示范，同学们的思路打开了，课堂气氛活跃了，师生的情感交流也加强了。

第三节　跨文化交际教学

一、文化的多元性

自20世纪40年代以来，信息与通讯技术取得了长足的发展，以电子计算机、人造地球卫星、电视等为核心的信息技术形成了一个统一的传播系统。这一系统的最大特点就是信息一体化。换句话说，它可以在全世界范围内及时、准确、综合性地加工、传递、存储信息，并且超越时空限制，将人类联结为一个信息整体。从这个角度来分析，文化的多元性既包含了信息化，又以信息化为媒介与载体。

得益于信息化的推动作用，文化的多元性表现为各种文化的相互渗透。一方面，任何一种文化都不可避免地影响着其他文化；另一方面，任何一种文化也都会不同程度地吸收其他文化从而求得自身更完善的发展。

值得一提的是，信息化的强大力量使人们可以跨越地域、语言、民族等方面的障碍并立刻知晓这个世界当前正在发生的种种变化。由于不同文化间的联系与影响越来越紧密，因此世界上某个角落的社会变迁就可以及时地传播到全球范围，在这个过程中，各种文化可以在传递与交流中取长补短，相互融合。可见，由于文化的相互交流，世界已成为一个巨大的信息网络，身处这个网络中的人与人、地区与地区、国家与国家、文化与文化间的关系逐渐形成“你中有我、我中有你”的局面，呈现出鲜明的全球化的特点。

二、文化的融合—跨文化交际

文化的多元性极大地拓展了跨文化交际的深度与广度。由于不同文化间的差异，跨文化交际具有自身的特点，体现在文化融合的过程中就是既有吸收也有碰撞。因此，了解跨文化交际的影响因素就显得非常必要。

（一）跨文化交际概述

1. 跨文化交际的定义

所谓“跨文化交际”，就是指在特定交际情景之中，具有不同文化背景的交际者用同一种语言（母语或目的语）进行的口语交际。从这一定义可以看出，跨文化交际具有以下几个特点。

（1）交际双方必须使用同一种语言进行交际

交际双方必须使用同一种语言进行交际，这是显而易见的。如果交际双方使用不同的语言，那么交际就无法进行。交际双方的文化背景不同。且需要用同一种语言；那么用来交际的语言对于一方来说是母语，对于另外一方来说就是习得的“目的语”。

（2）交际双方进行的是实时口语交际

跨文化交际可以通过多种途径进行，既可以是借助媒介的单向交际（如广播、电视、报刊、杂志等），也可以是现场的双向交际；既可以是物化形式符号的交际（如商品、画报、实物、影像、演出等），也可以是语言文字的交际；既可以是书面交际（如信函、公文等的来往），也可以是口语交际。本章主要着眼于双方面对面的交谈，即实时的口语交际。另外，还包括伴随口语交际而来的文字传播方式的交际，即书面语交际。

（3）交际双方进行的是直接的言语交际

就目前的情况来看，每年都有大量外语毕业生从事对外交流的工作。这些毕业生通晓两种语言，主要以翻译的角色从事跨文化交际，而翻译又是外语教学的一项重要内容，因此，外语教学界成为当前我国跨文化交际研究的主要集中地，并主要依靠“翻译”这个媒介来解决跨文化交际中的文化差异。

具体来说，跨文化交际无须借助“翻译”这个中介的直接交际，而是更加侧重语用规范，希望能够通过了解日标文化的行为规范和文化取向来处理直接交际中面临的各种文化因素，保证交际的顺利开展。

2. 跨文化交际与同文化交际的差异

同文化交际，是与跨文化交际相对应的概念。所谓同文化交际，是指具有相同文化背景的人之间的交际，包括同种族、同民族、同语言文化群体之内的交际，是具有相同文化背景和文化习俗的人在共同的交际规则指导下进行的交际。

跨文化交际与同文化交际的根本差异在于同文化交际基本上不存在文化差异和文化冲突问题。由于跨文化交际的主体是来自不同文化背景的人，因此，跨文化交际要解决的是跨文化语境中的问题，需要处理的主要是交际与文化之间的关系。

（二）跨文化交际的方式

每个民族都有自己独特的文化，从而使世界成为一个丰富多彩的民族之林。每种文化既体现出自己的个性，同时又折射出人类的共性。因此，这些不同的文化在相互融合时主要有两种方式，一是碰撞，二是吸收。

1. 不同文化的碰撞

文化是一个民族信仰、风俗习惯、思维模式、地理环境等因素的综合体现。因此，不同文化在融合过程中出现碰撞是不可避免的。

2. 不同文化的吸收

尽管各同文化之间存在巨大差异。但在文化多元性的影响下，不同文化之间也开始相互吸收、相互渗透。

不容忽视的一个现象是，越来越多的外国也开始吸收中国的文化。例如，中国生活、学习、工作的外国人的数量越来越庞大，他们学习、了解中国的许多传统文化与艺术，如书法、京剧、武术等。参与中国人的文化活动，在生活习惯、思维方式上与中国人的距离越来越小。

（三）影响跨文化交际的因素

影响跨文化交际的因素主要可分为两类：即语言因素与非语言因素。前面章节已对语言因素的影响进行了较多阐述，因此下面对非语言因素进行讨论。概括来说，对跨文化交际具有影响的非语言因素有以下几种。

1. 体态语

体态语又称“身势语”或“身体语言”，是人类交往的最初形式，通常包括手势、面部表情、头部动作、目光以及其他任何可以传递信息的肢体动作，是一种信息量最大、最直观、也最为人们所熟悉一种非语言交际行为。

（1）象征性体态语

象征性体态语（symbolic body language）有着特定的语言符号与其对应。当有些话能说但又不想说出时，就可使用象征性体态语。例如，当某些交际无法实现时（如潜水或对足球比赛进行场边指导时），也可以用体态语来替代要表述的语言，从而使交际顺利进行。

（2）说明性体态语

所谓说明性体态语（indicative body language）是指与说话直接相关，帮助进一步表达语言意思的肢体动作。说明性体态语需要每时每刻都与语言行为联系起来，这是它与象征性体态语的区别。换句话说，只有在说话者谈话或重复谈话内容时说明性体态语才会出现。

（3）适应性体态语

所谓适应性体态语（adaptive body language）是指交际者为了消除内心某种情绪而对自身身体或身旁物品发出的非言语行为，如拨弄头发、揉衣角、咬嘴唇、摸索书包带子、搓手等。适应性体态语一般都是发出者无意识的行为，故不表示任何含义，但它们却常常被细心的接受者理解为“窘迫”“紧张”“不安”等，具有一定的掩饰内心真实世界的功能。例如，改变发型来改变自己的外表形象不是适应性行为。只有当手对头发的动作不起美容作用的时候，才属于适应性行为。再如，脱衣服不是适应性行为。而摆弄纽扣却是。可见，适应性体态语与其他体态语的最大不同，就是它是一种修饰性行为。

（4）情感性体态语

可以显露交际者内心情感与情绪的非言语行为就是情感性体态语（affective body language）。主要情感包括九类，即激动、震惊、反感、欣喜、愤怒、痛苦、屈辱、鄙夷、害怕。

面部表情是对外传播内心感觉和感情的主要途径。因而也是情感性体态语的主要表现形式。例如，非语言交际中的目光交流因受到文化的影响，在不同国家有不同的情况。中国人为了表示礼貌、尊敬或服从而避免长时间直视对方，常常眼睛朝下看。但是在英美人的眼中，缺乏目光交流就是缺乏诚意、为人不诚实或者逃避推托，也可能表示羞怯，因此英语国家的人比中国人目光交流的时间长而且更为频繁。可见，在跨文化交际中要就面部－表情的影响有所认识。

（5）调节性体态语

顾名思义，调节性体态语（regulatory body language）就是调节语言交际和保证对话流畅进行的动作。调节性体态语主要包括：调节话轮转接和缓冲动作两种。

2. 客体语

第一印象在交际过程中的重要作用是不言而喻的。初次见面时，对方的衣着、长相、体态、打扮以及一些随身物品都决定着对方对其的第一印象，从而决定交际能否最终成功。从交际角度上看，虽然“以貌取人”一直都不被提倡，但不可否认的是外表的确可以传递出很多信息。具体来说，化妆品、修饰物、服装、饰品、家具以及其他耐用物品等既有实用性又有交际性，这些信息就属于客体语。

3. 副语言

副语言称“辅助语言”，是指伴随话语发生或对话语有影响的有声现象。是一些超出语言特征的附加现象，如说话时的音高、语调、音质等都属于此范畴。此外，诸如喊、叫、哭、笑、叹气、咳嗽、沉默等也可以看作是副语言现象。因此，学习并掌握副语言现象对于精准理解说话者的意图具有十分重要的意义。

4. 时间信息

时间信息就是人们通过对时间的理解和使用而传达出来的信息。它是人际交流过程的一个重要因素，每时每刻都存在于物质世界。

5. 空间信息

空间信息是反映地理空间分布特征的信息，它与人口和文化有着十分密切的关系。

三、跨文化交际能力的培养

跨文化交际的参与者来自不同的文化背景，因此，学会使用科学、客观的态度和方法来处理文化融合过程中遇到的问题从而提高自身的跨文化交际能力具有强烈的现实意义。概括来说，培养跨文化交际能力可以从以下几个方面入手。

（一）了解自我

1. 了解自身文化

每个人都生活在一定的文化之下。这些文化影响着人们对周围事物的评判标准。当人们接触到其他文化时，用本民族的价值观、社会规范和行为模式来加以衡量是一种习惯性的反应。因此，应了解自身文化的特点，尤其是本民族文化的优点与缺点，这有助于冲破本民族文化的围墙，克服狭隘倾向，从而提高跨文化交际能力。

2. 了解自己的交际风格

交际风格是指交际者在交际过程中所体现出的自身特点，具体包括以下几个因素。

第一，交际渠道，如言语的交际渠道、非言语的交际渠道等。

第二，交际形式，如巧妙对答的形式、仪式化的形式、辩论形式等。

第三，交际者感兴趣的话题种类，如股票、商务、艺术、家庭、职业、文学。

第四，交际者希望交际对象参与的程度。

第五，交际者赋予信息的实际内容和情感内容的多少。

在交际过程中，人们通常很快就能察觉出对方的交际风格。一个不容忽视的现象是，人们往往很少留意自己的交际风格，这就给交际的顺利展开带来障碍。例如，一个交际者自认为是个开放型的人，但交际对象却认为他是内向型的人，这种情况下，交际很容易出现问题。所以，了解自己的交际风格对交际的顺利开展大有裨益。

3. 了解自己的情感态度

在交际前，人们往往会产生一种由预先印象或定式带来的情感态度。这种情感态度易干扰交际者的态度，使交际者戴着有色眼镜看人处事，从而导致误解，或使交际者难以做出客观的判断。可见，交际者自身的情感态度也会对交际的质量产生重要影响。若能事先意识到这一点，交际者就可以尽量避免这种先入为主的情感态度，从而降低负面情绪对交际的影响。

4. 自我观察

交际中的双方通常不会向对方询问自己的交际风格如何，或要求对方对此做出评价。在这种情况下，想要了解自己的交际风格与情感态度就需要采取自我观察的方法。通过自我观察，交际者不仅可以对自己的交际风格、情感态度形成一个正确的认识，还可以通过对方的反应来进行印证，并在以后的交际中发扬好的方面，改正或避免不好的方面，逐渐提高跨文化交际的能力。

做到了上述四点，交际者就能更多地了解自己，这对自身跨文化交际能力的提高大有帮助。

（二）掌握目的文化的信息系统

跨文化交际的顺利进行首先需要交际者掌握该种文化的信息系统，包括学习语言、认识语言和文化的关系以及掌握非语言交际系统。

1. 学习目的文化下的语言

语言是文化的载体，同时也是文化的重要体现方式。因此，要想与其他文化中的人们进行交际，首先要学习对方的语言。当然，世界上语言种类如此之多，全部学会是不现实的，但是，学会世界上通用的语言、了解目的地的日常用语还是很有必要的。英语是一种国际性的通用语言，它不仅是许多国家、地区的官方语言，也是商务往来、国际会议等场合中的通用语言，还是大多数国家学校教育中的主要外语。因此，学习英语是提高跨文化交际能力的一个重要砝码。

2. 认识语言和文化的关系

语言与文化之间存在着密不可分的关系，这种“你中有我、我中有你”的紧密联系集中表现在习语上。习语是各民族成员在长期的语言运用过程中高度提炼而成的表达法，具有结构严谨、言简意赅、寓意深刻的特点，承载着厚重的民族传统与文化内涵。可见，习语是语言的重要组成部分，学习一国的语言必然要学习一国的习语。同时，只有了解习语的文化内涵才可能正确理解和使用习语，也才能在交际过程中进行更深层次的沟通，从而促进交际目的的达成。另外，交际者的成长环境、教育背景也是影响其理解和使用词汇、习语的一个重要因素，因此交际者必须时刻注意这一点，从而选择合适的词句表达和交际策略。

3. 正确理解和使用非言语符号

在交际过程中，人们常使用语言符号。但是，大量的非语言符号（如目光、体态、味道等）对交际也有着重要影响。由于这些非语言符号在不同的文化中有着不同的含义，误用或误解非言语符号很容易引起误会和矛盾。因此。正确理解和使用目标文化中非言语符号的含义是跨文化交际者必须掌握的本领，否则就会对交际的顺利进行带来障碍。

（三）培养移情能力

移情能力是情感能力的重要组成部分，主要指摆脱民族中心主义的束缚。不以本民族的价值观念看待和评判其他文化，设身处地为他人着想。

一般情况下，人们受到母语文化观念的影响较大，因此在处理问题时习惯用母语文化的标准来观察和对待其他文化，而跨文化交际的一个重要障碍就是对目的外语化不正确的态度。可见，移情能力是跨文化交际能力中不可或缺的一部分，是否具备一定的移情能力对交际的质量有着直接影响。

在培养移情能力的过程中，常常会遇到各种障碍，概括来说主要包括“文化冰山”、文化优越感、文化模式化和文化偏见。

（四）树立正确心态

在跨文化交际的过程中遇到一些碰撞与冲突是不可避免的。只有树立积极正确的心态，才能正确看待这些矛盾，从而更好地促进自己文化的发展。因此，应从以下几个方面做起。

1. 保持客观态度

民族文化对一个人的影响是深远的。可以说，每个人都对本民族的文化有着深厚的感情。但是，在跨文化交流的过程中，一方面，既要传承对本民族文化的热爱；另一方面，也要以一种客观的态度来对待本民族文化与其他文化。具体来说，既要客观看待、评价每一种文化的优点与缺点，又要避免缺乏客观分析就全盘肯定或否定某一种文化；既不能因为对本民族文化热爱有加就不能容忍别人说一点缺点，也不能毫无根据地将其他文化一概否定，说得一无是处，而是要在冷静分析、理性思考的基础上公正地看待跨文化交流过程中的现象。否则，文化的融合就无法实现。

2. 避免自我否定

每种文化都有其独特性，每个民族都有自身的优势，跨文化交流提供了了解他国文化的机会，通过文化的交融与碰撞，可以感受、发现其他文化的优点，吸取他国的长处。但是，在这一过程中应避免自我否定的倾向，不能因为看到他国文化的优势就否定本民族文化，更不能因此妄自菲薄、崇洋媚外，这不仅会使自己丢失本民族文化中的优秀东西，也会使自己失去客观公正的心态和独立选择的能力，无法学习和吸收外来文化的营养而是会接受一些其他文化中落后的和腐朽的东西，从而对自己文化的发展产生不利的影响。

3. 既要吸收也要传播

在全球经济一体化的今天，文化领域的相互交融已渗透到社会生活的方方面面。不同文化之间的碰撞与吸收既能客观、全面地帮助我们认识他国文化，又能以新的洞察力重新审视、认识本民族文化，从而在国际交往中做到知己知彼，积极有效地推进我国与世界各国之间的交流与合作，促进我国社会的发展。更为重要的是，在介绍学习外国文化的同时，也不能忽视中华民族的文化，我们要努力将本民族的优秀文化传递给世界，促进国际文化的双向交流，为世界文化的繁荣发展做出巨大贡献。

参考文献

[1] 骆洪 . 外语教学与语言研究 [M]. 重庆：重庆大学出版社，2019.

[2] 李培东 . 外语教学原理与实践研究 [M]. 银川：宁夏人民出版社，2019.

[3] 柴改英，邬易平，张莉娅 . 主体间性外语教学行动研究 [M]. 杭州：浙江工商大学出版社，2019.

[4] 吴友富，王治高 . 全国外国语学校外语教学研究 [M]. 武汉: 武汉大学出版社，2019.

[5] 杨静 . 现代信息技术优化外语教学研究 [M]. 西安：西北工业大学出版社，2019.

[6] 卢加伟 . 翻转学习的理念与外语教学的定制化体验 [M]. 北京：冶金工业出版社，2019.

[7] 孙犁 . 新技术时代模范教师视角下的外语教学策略研究 [M]. 厦门：厦门大学出版社，2019.

[8] 李宏强 . 跨文化交际与外语教学 [M]. 长春：吉林出版集团股份有限公司，2019.

[9] 蒋璐 . 终身学习视野下的外语与外语教学 [M]. 大连: 大连理工大学出版社，2019.

[10] 赵芳 . 跨文化外语教学理论与实践 [M]. 西安：未来出版社，2019.

[11] 杨勇 . 二语习得理论与外语教学实践 [M]. 合肥：合肥工业大学出版社，2019.

[12] 郭鸿雁，周震 . 新时代外语教学改革 [M]. 银川：宁夏人民教育出版社，2020.

[13] 孟凡飞 . 高职教育与外语教学问题研究 [M]. 长春：吉林科学技术出版社，

2020.

[14] 钟智翔，程彤，高陆洋 . 中国外语非通用语教学研究 [M]. 北京：世界图书出版公司，2020.

[15] 索佳丽，韩威 . 外语教学与文化研究 [M]. 南昌：江西科学技术出版社，2020.

[16] 王守仁 . 大学外语教学研究 [M]. 北京：高等教育出版社，2020.

[17] 夏宁满 . 外语教学质量实证研究 [M]. 南京：南京大学出版社，2020.

[18] 江利华 . 语言文化与外语教学研究 [M]. 沈阳：辽宁大学出版社，2020.

[19] 支永碧，王永祥 . 外语教学行动研究与教师专业发展 [M]. 南京：南京大学出版社，2020.

[20] 杨俊 . 大学外语教学改革与创新实践 [M]. 北京：现代出版社，2020.

[21] 慈建华 . 现代外语教学理论基础研究 [M]. 北京：中国农业出版社，2020.

[22] 王佳 . 新思维下外语教学方法与策略研究分析 [M]. 长春：吉林大学出版社，2020.

[23] 范业红 . 多文化视角下的大学外语教学研究 [M]. 长春：吉林出版集团股份有限公司，2020.